トランスジェンダー入門

uji Akira
akai Yutori

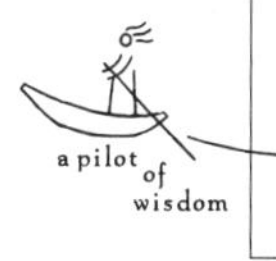

はじめに

「トランスジェンダーについて知りたい」

そんなあなたに向けた最初の1冊として、本書は書かれました。

しかし、トランスジェンダーについて知りたいあなたも、きっとこれまで困ってきたのではないでしょうか。なぜなら、日本語で読めるトランスジェンダーについての本はとても少なく、またその内容も限られていたからです。簡単にですが、これまでの関連書籍を振り返ってみましょう。

例えば、「性同一性障害」という今では使われなくなった名称を冠した本なら、いくつも出版されています。とはいえ、これは医学的な病名であり、「トランスジェンダー」が意味する人々よりも対象範囲は限られています。なお、「性同一性障害（ＧＩＤ：Gender Identity Disorder）」と「トランスジェンダー」という言葉の意味の違いについて知りたい方は、この本の第1章と第4章をご参照ください。

ほかにも「ＬＧＢＴ（ＬＧＢＴＱ＋など）」についての本はたくさん出ており、そこから「Ｔ＝トランスジェンダー」について初めて知ったという方もいるかもしれません。ただし、性的マイノリティとして一括り（ひとくく）にされたなかで、トランスジェンダーにページが割かれることは少なく、どうしても「おまけ」のような扱いになりがちです。

もちろん、トランスジェンダーの当事者が書いた自伝やエッセイも、１９９０年代あるいはそれ以前からすでにいくつも書かれていました。それらは、情報源が極めて少なく、各自が孤独な状況を強いられていたなかで紡がれてきた、かけがえのない軌跡です。しかし、トランスジェンダーの人たちがどのように生きているのか、どんな法律がトランスジェンダーの生活に影響を与えているのかなど、客観的な視点から日本のトランスジェンダーの状況を論じた本は、これまでありませんでした。

だからこそ、本書が書かれる必要がありました。トランスジェンダーとはどのような人たちなのか。性別を「変える」とは、いったいどのようなことなのか。トランスジェンダーの人たちはどのような差別に苦しんでいるのか。日本で戸籍の性別を変えるためにはどんなルールがあるのか。フェミニズムとトランスジェンダーはどのように関わっているのか。こういった基本的な知識を、この１冊にまとめました。

もしあなたが、トランスジェンダーについて知りたい、トランスジェンダーの人たちの力になりたいと考えているなら、この本に書かれているような知識を最低限身につけておいてほしいと願っています。

あるいは、自分自身がトランスジェンダーの当事者で、しかしながら周囲の人に自分のことを説明するのにはもう飽き飽きしてしまった、というあなた。大変お待たせしました。今度からはこの本を勧めてみてはいかがでしょう。タイトルはいたってシンプル、『トランスジェンダー入門』です。

この本を書いている私たち（周司あきら・高井ゆと里）は、これまでトランスジェンダーのことについて日本語で考えたり、文章を書いたり、あるいはトランスジェンダーについての本を翻訳したりしてきました。

そんな私たちもまた、この本が書かれることを待ち望んでいました。なぜなら、トランスジェンダーについて書いたり話したりしようとしても、日本の人たちにはまだまだ正確な情報が伝わっておらず、いつも「トランスジェンダーとは……」といった初歩的な説明から繰り返さざるを得なかったからです。そうした状況がずっと続いているために、私たちも「本当にしたい話」をすることがこれまであまりできていませんでした。この本をようやくお届けすることができ、私たちも嬉しく思っています。

　そして、本書を手に取ってくださった皆さん、ありがとうございます。トランスジェンダー入門の、扉を開きましょう。

目次

図版作成／ＭＯＴＨＥＲ

第1章　トランスジェンダーとは？

トランスジェンダーの定義

トランスジェンダーとは、いったいどのような人を指すのでしょう。本書の最初の章では、この問いに答えます。

その前に。もしかすると皆さんは、トランスジェンダーの説明として「心の性と身体（からだ）の性が一致しない人」という説明を目にしたことがあるかもしれません。しかし、この説明はとても不正確です。もちろん、この説明が全くトランスジェンダーの状況を言い当てていないわけではありません。実際トランスジェンダーの人たちは、自分の性別に「違和感」を覚えるという経験、つまり何らかの「不一致」に苦しむことがあるからです。しかし、性別に違和感を持ったことがある人、といった緩やかなイメージであれば、大多数の人にも共通の経験に聞こえるかもしれません。誰だって好きで女性や男性を「選んだ」わけではないでしょうし、少なくない人が、自分の性別に文句を言いたくなったことが一度ならずあるでしょう。それでも、だからといってその人がトランスジェンダーであるとはすぐには言えません。なぜ、そうとは言えないのか。その理由については、「心の性」と「身体の性」といった言葉が含む問題と合わせて、これから説明していきます。

少し前置きが長くなってしまいました。今から、トランスジェンダーの定義を説明します。

まず一般的な定義としては、出生時に割り当てられた性別と、ジェンダーアイデンティティが異なる人たちを「トランスジェンダー（transgender）」と呼びます。それとは違い、その二つが合致している人たちを「シスジェンダー（cisgender）」と呼びます。

なお、以下本書では「トランスジェンダーの人たち」を指して「トランスの人たち」と略記するほか、同じように「トランスの身体」や「トランスの生活」といった言葉遣いを採用します。いずれも「トランスジェンダーの」という意味ですので、覚えておいてください。

今、紹介した定義には、多くの人にとって見慣れない単語が登場していると思います。

安心してください。順を追って説明します。

まず素朴な違和感として、「性別が割り当てられている」とはどういうこと？ という疑問が湧いてくるでしょう。この意味を理解するには、私たちの社会がどのようにジェンダー化されているか、つまり性別を「分ける」実践によって満ちているのかを考える必要があります。

突然ですが、子どもが誕生する場面を思い浮かべてみてください。今の私たちの社会には、その社会に新しく生まれた存在（子ども）が女性なのか男性なのか、最初からはっきりさせておこうとする文化が強力に存在しています。生まれた子どもの外性器の形を主な基準として、医師やそれに準じる職業の人々が、新しく生まれた子どもを女・男どちらかの性別にカテゴリー分けするのです。あるいは生まれる前から、そうしたカテゴリー分けは適用されているかもしれません。先ほどの定義に登場した「出生時に割り当てられた性別」とは、そのような分類の実践を常とする私たちの社会で、生まれてきた子どもに認定されるに至った性別のことです。

そうして認定された性別は、出生証明書（出生届）に記載され、日本であれば戸籍や住民票に反映されることになります。これは、とりわけトランスジェンダーの人々にとって残念なことなのですが、今の社会で自分の存在を公的に認められるにあたって、自分の性別を登録されずに済む子どもはいません。私たちの社会には、その子どもが自分の気持ちを表明するようになるはるか以前から、子どもに性別を「割り当てる」慣行が存在しているのです。なお、そこで最初に子どもたちの性別を決める際には、医療と法律という、社会的に信頼されている二つの権力が大きな役割を果たします。この二つがトランスの人たちの人生をどのように左右するのかについては、本書の第4章と第5章で詳しく述べます。

さて、改めてトランスジェンダーの定義に戻りましょう。そこには、「出生時に割り当てられた性別」以外にも、もう一つ耳慣れない言葉が出てきていました。「ジェンダーアイデンティティ」です。一言で言えば、これは自分自身が認識している自分の性別、自分がどの性別なのかについての自己理解のことを意味します。ただし、この場合の自己認識は、自分がどの性別集団に属しているのかについての帰属意識とも関わっていますから、単なる「思い」とは少し違います。例えば、女性の集団に安定的に帰属意識を持ち、「女の子たち、集まって」と指示されたときに、自分を指しているとすんなり理解できる人、あるいは女性の人たちを前に「同性」がいる、とすぐに認識しつつ生きている人。そうした人のジェンダーアイデンティティは、女性であると言えます。

とはいっても、生まれたばかりの子どもは、自分がどの性別集団の一員に属しているかを理解しておらず、また、これからどのような性別の人間として生きていくのかについて、安定的な自己イメージを持っていません。つまり、乳幼児にはジェンダーアイデンティティがまだ存在していないことになります。しかし成長するにつれ、自分が男女どちらの性別で扱われているのかを子どもは理解するようになっていき、それに伴い、どのような性別の存在として生きていくのか、また自分自身がどのような性別の存在であるのかについて、自己認識を確かなものにしていきます。そうして形成されるアイデンティティが、ジェンダーアイデンティティです。ただし、ジェンダーアイデンティティをどのような年齢で、どのように獲得していくのか、あるいは獲得しないのかには、個人差があります。

なお、本書では「ジェンダーアイデンティティ」という言葉を一貫して使用しますが、これは英語の「gender identity」のカタカナ表記です。この言葉の訳語としては、「性自認」や「性同一性」という言葉も広く定着しており、法律や条例では「性自認」が使用されることが多いです。しかし、「自認」という表現では「本人が一時的に自称しているだけ」のニュアンスを読み取って誤解を招くとの指摘があったり、アイデンティティの安定性という側面が「性自認」では表現できなかったりするなどの理由から、「性同一性」という訳語が好まれることも増えています。

本書では、特にこだわりはありませんが、シンプルにその意味合いが伝わると考えて「ジェンダーアイデンティティ」とカタカナで表記しています。ただ、忘れないでいただきたいのは、ジェンダーアイデンティティ、性自認、性同一性という三つの言葉は全く同じ意味だということです。少しずつ与える印象が違うため、どの言葉を使うかで好みが分かれることもありますが、意味に違いはありません。もし、これらの言葉には意味の違いがあるのだと主張する人がいたら、その人は単純に間違ったことを信じていますので注意してください。

以上で、トランスジェンダーの一般的な定義についての説明は終わりです。生まれたときに「あなたは女性だよ／男性だよ」と割り当てを受けたその性別集団の一員として、自分自身を安定的に理解できなかった人たち。それが、トランスジェンダーです。

なお、こうした説明に基づけば、人口の99％以上の人はトランスジェンダーではない人たち、つまりシスジェンダーになります。対してトランスジェンダーはとても数が少なく、統計調査によって少しずつ差異はありますが、人口の0・4〜0・7％くらいになります。トランスジェンダーの人のなかで実際に社会的に性別を変えて生きていく人や、戸籍上の性別を変える人となると、さらに数は少なくなります。世の中のほとんど全ての人は、生まれたときに割り当てられた性別の通りに自身のジェンダーアイデンティティを獲得していき、それを安定的に保持しています。対してトランスジェンダーの人たちは、圧倒的に社会的少数者です。まずはそのことを理解しましょう。

FtM／MtFという表記

これまで、「出生時に割り当てられた性別」と「ジェンダーアイデンティティ」という二つの言葉を紹介し、それぞれが性別に関するある種のリアリティを教えてくれることも分かりました。重要なのは、他者から割り当てられた性別と、自身のジェンダーアイデンティティが一致しない人がいる、つまりトランスジェンダーの人が現実に生きているという事実です。

とはいえ、トランスジェンダーにもさまざまな人がいます。例えばトランス男性（トランスジェンダーの男性）とは、生まれたときに女性を割り当てられたけれども、ジェンダーアイデンティティが男性である人のことを指します。同じようにトランス女性（トランスジェンダーの女性）とは、生まれたときに男性を割り当てられたけれども、ジェンダーアイデンティティが女性である人のことを指します。

かつて、このようなトランス男性やトランス女性は、それぞれFtMやMtFと呼ばれることが多くありました。[*1] 現在でも、当事者がそうした名称を名乗っていることがあります。しかしこれらの名称は、医学的な性別移行に重点を置いたFemale to Male（略してFtM）、Male to Female（略してMtF）という表現法に由来するため、当事者のジェンダーアイデンティティをより尊重した表現へ、つまりFtMではなくトランス男性（trans man）、MtFではなくトランス女性（trans woman）へ、という表現の置き換えが好まれるようになっています。

実際に、例えばトランス男性を「女性から男性になった人」と単に理解してしまうと、その人が幼少期から男性としてのアイデンティティを持っていた場合に、そのアイデンティティを否定・抹消する結果になります。幼いころから自分を男性だと主張してきた子どもを「FtM」と呼ぶのは、本人にとって明らかに侮辱的な行為です。

なお、この章ではすでにシスジェンダーという言葉を紹介しました。出生時に割り当てられた性別と、ジェンダーアイデンティティが合致している人のことです。そうしたシスジェンダーの男女を指すときには、それぞれ「シス女性」や「シス男性」と縮めて書くことがあります。読者の皆さんのなかには、「シス」という新しい呼び名が自分に与えられることに戸惑う人もいるかもしれません。しかしトランスの人が現実に生きている以上、トランスではない人を指す言葉が必要なのです。

ノンバイナリーとは

本書ではこれまで、トランス男性やトランス女性など、男女どちらかのアイデンティティを安定的に有するトランスの人を例に書いてきました。しかし、全ての人がジェンダーアイデンティティを「男性」や「女性」のどちらか一方に安定的に見いだしていくわけではありません。

例えば、自身を女性でも男性でもない性別の存在として理解する人や、いかなる性別の持ち主としても自分を理解しない人、あるいは女性と男性の二つの性別のあいだを揺れ動いていると感じる人がいます。そうした人々を総称して、「ノンバイナリー（nonbinary/non-binary）」といいます。[*2] なお日本語圏では「X（エックス）ジェンダー」が似た意味で使われることがあります。

ノンバイナリーの人は、先ほどのトランスジェンダーの定義を使えば、その全員がトランスジェンダーに含まれることになります。なぜならノンバイナリーの人は、出生時に割り当てられた「女性」または「男性」と、そのまま合致するジェンダーアイデンティティを安定的に持つわけではないからです。つまり二つの要素には不一致があり、したがってトランスジェンダーの一員ということになります。

ところが、ノンバイナリー当事者の全員が、自分を「トランスジェンダー」として理解しているわけでもありません。その理由はいくつかあるのですが、ここでは二つ紹介します。

一つ目の理由は、トランスジェンダー（transgender）という言葉に含まれる「越境（trans）」の意味合いが、自分の経験にそぐわないと感じているノンバイナリーの人が少なくないからです。ノンバイナリーの人のなかにも、生活上の性別を移行したり、身体の特徴を性ホルモンや外科手術によって変化させたりする人がいますが、ノンバイナリーの人々全員が、そうした越境や変化を望んだり、経験するわけではもちろんありません。そのため、トランスジェンダーという言葉に含まれた「越境」のニュアンスが自分に縁のないものだと感じるノンバイナリーの人々もいます。

そもそも、現在の私たちが「人間の身体」や「人間の生活」を思い浮かべるとき、その

「身体」や「生活」は常に「女性の身体・生活」や「男性の身体・生活」というかたちで性別と結びつけられてしまっています。そのため、はっきりと男女どちらか一方のアイデンティティを持たないノンバイナリーの人々にとっては、自分に割り当てられた性別から「移動」したり「移行」したりする宛て先（行き先）がはじめから存在しないケースも多くあります。結果として、「越境」や「移行」のニュアンスを含むトランスジェンダーという言葉に親近感を持たないノンバイナリーの人々が一定数存在しているのです。

関連する二つ目の理由として、ノンバイナリーの人々のなかには、世の中で語られているトランスジェンダーの物語（生き様の語り）に頻出する差別を経験しない人々がいるからです。結果としてそうした人は、自分がトランスであると認識させられる機会が少なく、ほかのトランスの人々のように日常的な差別を経験しない自分がトランスジェンダーに当てはまるとは考えにくい、と悩むことがあります。本来はそうした悩みを持つ必要はないのですが、それでも、ノンバイナリーの人のなかにそうした理由で「トランスジェンダー」の名乗りを避けている人がいるのは確かです。

これらの理由から、広義ではトランスジェンダーに含まれるとしても、自分のことをトランスジェンダーの一員として捉えていないノンバイナリーの人たちがいます。英語や日本語で「トランスジェンダー／ノンバイナリー」と併記することがあるのも、そのためです。

生き延びた結果としてのトランスジェンダー

これまで、トランスジェンダーの一般的理解として「割り当てられた性別とジェンダーアイデンティティが異なる人」という教科書的な定義を紹介してきました。しかしこれは、全てのトランスの人の状況をカバーできる完璧な説明ではありません。なぜならこの説明は、自身のジェンダーアイデンティティがまず存在し、それに合わせて性別を移行していくようなトランスジェンダーだけを想定したものだからです。

実際にはしかし、自分のジェンダーアイデンティティに合わせて性別を移行したというよりも、生き延びられる手段を模索していった結果として（たまたま）移行先の性別に適応していったという、そのようなトランスジェンダーの人々が存在しています。

例えばトランス男性のなかには、幼いころから持っている「男性」としてのアイデンティティに合わせて男性へと移行していったというよりも、女性としては生きられないという葛藤を経て、男性としての生活を望んだり、あるいは望む望まないにかかわらず性別を男性側に移行した結果、その男性という境遇に落ち着いていく人がいます。そうした人は間違いなくトランスジェンダー（ここではトランス男性）ですが、男性としてのジェンダーアイデンティティを保持している、とは一概には言えないかもしれません。あるいは、その人がトランスであるという事実を説明する際に、ジェンダーアイデンティティという概念を使って説明しようとしても、実感が伴っていないためあまり有効ではなさそうです。[*3]

そのため、先に紹介した「割り当てられた性別とジェンダーアイデンティティが異なる人」という一般的な定義を用いただけでは、全てのトランスジェンダーの人のありようを十分に捉えられません。

おそらくシス男性のなかにも、「自分のジェンダーアイデンティティが男性だから男性として生きている」というよりは、「自分のジェンダーアイデンティティと言われても不明だが、出生時に割り当てられた性別を何となく引き受け、それを否定することなくこれまで生きてこられた」という感覚の人がいるでしょう。それと同様に、トランスの人のなかにも「この性別なら生きていけた」という偶然性によって特定の性別を引き受けている人がいます。生存していく過程に性別移行が含まれていた、というだけのことです。なお、性別移行については第2章で扱います。

アンブレラタームとしてのトランスジェンダー

もう一つ、これまでとは違った角度からもトランスジェンダーという言葉を説明してみます。

冒頭から繰り返し見てきた「割り当てられた性別とジェンダーアイデンティティが異なる人」という定義は、自分自身をどう実感ないし経験しているかに焦点を当てた説明です。ようするに、個人の自己認識を重視した定義です。

しかし、そうしたジェンダーアイデンティティの概念が誕生し、流通する以前から、「トランス的な」人たちは存在していました。例えば現代の私たちにとって、「女装をしている男性」と「トランスジェンダーの女性」は別ものです。後者の人にはある、女性としてのジェンダーアイデンティティが、前者の人にはないからです。しかし、そうした概念や発想が一般的でなかった時代を生きていた当人たちにとって、その二つを厳密に区別することにはほとんど意味がないかもしれません。実際のところ、「女装」して日常生活を送れることで「男」としての生活を手放し、今でいう「トランス女性」的な境遇に置かれつつ生きてきた人たちが、日本にも多くいます。

結果としてそうした人たちは、ジェンダーアイデンティティ概念に基づく（現代的な定義の）トランスジェンダーの人たちと同様の状況に置かれ、「トランス差別」を受けることがあります。

このとき、そのように同じ差別の雨に打たれている人々が集まる傘（アンブレラ）として、「トランスジェンダー」という言葉が使われることがあります。それが、アンブレラタームとしてのトランスジェンダーです。このときトランスジェンダーとは、割り当てられた性別に期待される姿で生きることをしない人々を幅広く包摂する言葉になります。これは現在では国連などでも採用されている用法です[*4]が、この用法に従えば、その人のジェンダーアイデンティティを問わず、振る舞い方や服装が（狭く期待される）典型的な女性・男性の枠からはみでている人たちが、広くトランスジェンダーと呼ばれることになります。

そうして同じ差別を経験することは、同時に、同じ差別に対抗する政治主体としての「トランスジェンダー」を生みだしもします。個人のアイデンティティよりも、社会からの扱われ方から共通性が生まれ、政治的アイデンティティとしてのトランスジェンダーが作られていくということです。歴史的にも、そうした政治主体はさまざまなかたちで存在してきました。これが、アンブレラタームとしてのトランスジェンダーです。

以上、少しでもトランスジェンダーの人たちの現実に通じてもらうため、トランスジェンダーを理解するための三つの説明を紹介しました。しかし現代において最も通用している「定義」は、あくまでも最初に紹介したものです。そのため後半の二つはその主流の定義を補足するものと理解してください。

「身体の性」「心の性」では説明できない

本章の冒頭で触れた通り、トランスジェンダーについては、これまで「身体の性」と「心の性」が食い違っている人、という説明がなされてきました。多数派であるシスジェンダーの人々に理解しやすいように、トランスジェンダーの人たち自身がそうした「身体」と「心」の二分法を使って自分たちを説明してきたというのも一面では事実です。しかし、これではトランスジェンダー当事者の生きている実感や現実に即しているとは到底言えません。「身体の性」と「心の性」という説明を使うことで何が見過ごされてきたのか。なぜ「出生時に割り当てられた性別」と「ジェンダーアイデンティティ」の二つに置き換わってきたのか、考えてみましょう。

ところで、皆さんは「身体の性」と言われたら何を想像しますか。それは生物学的な特徴であり、おそらくは外性器に代表されるような、身体の局所的な部位のことを指していて、それは生まれたときから変わることがない、客観的な要素である、というイメージを持つ人が多いかもしれません。一方で「心の性」は、自分の内面に秘めているもので、主観的で、自分勝手に操作できるもの、何とでも言えるもの、というふうに聞こえるかもしれません。まさにそうした勘違いが起きてしまうことが、「身体の性」と「心の性」というフレーズを使うことの問題点です。このような理解は、トランスジェンダーの人々に対する正確な理解から私たちを遠ざけてしまうのです。

まずは「身体の性」から考えてみましょう。私たちの日常を少し思いだせば分かるように、他者の「性」を知るために用いられている身体の特徴は多岐にわたっており、現状それらは曖昧に識別されています。例えば背の高さ、髪の長さ、肌の質感、声の高さ、顔の骨格、胸部の形状、外性器、内性器、体毛の濃さや生え方、染色体、腰回り、脚の太さ、足のサイズ、体臭……。これらは全て、おのおの「性別」という大きなカテゴリーと結びつくことがあり、性差によって違いのある身体的特徴と見なされることがあります。例えば、「あの人は胸がふっくらしているから女性だな」とか、「この人物は足のサイズが29㎝だからきっと男性だろう」とか、そういった解釈のために、これらの身体の特徴は頼りにされているのです。それらは、その人の「性」を教える、身体の「性的特徴」として機能しています。

他方で、そうした身体の特徴に基づく性別の仕分けにあたって、従来男性の医師や学者たちが中心になって定義してきた、生殖器の形や染色体の組み合わせが利用されることはほとんどありません。むしろ、日常生活で他者の性別を理解するとき、そうした生殖器官を互いに見せ合ったり、染色体の検査結果の証明書を提示したりする機会は皆無といってよいでしょう。私たちは、相手の身体のなかから「性的な特徴」とされるものを漠然と選びだし、髪が長いから女性だろうとか、背が高いから男性だろうとか、声が高いから女性だろうとか、そういった仕方で「身体の性」を捉えているのです。だからこそ、そうして推測された性別が当人の実態とは異なることもあります。

「身体の性」という言葉を聞くと、すぐに外性器の形や性染色体のペアリングを思い浮かべる人は少なくありません。しかし実際に私たちの社会で重要性を持っている「身体の性的特徴」は、ここに列挙したような雑多なものであり、それらの複合的な組み合わせに基づいて、私たちは他人の性別についての情報を取得したり、あるいは誤って取得したりしています。これが、「身体の性」という言葉を使うことの一つ目の弊害です。その言葉は、まるで身体の性的特徴が身体のごく一部に局在しているかのような、現実生活とは乖離した印象を与えてしまうのです。

「身体の性」という言葉を使うことの二つ目の弊害は、それがあたかも変更不可能であるかのような印象を与えてしまうからです。しかし実際には、少なくないトランスジェンダーの人々が自分の身体をさまざまな仕方で変えていくことによって、「身体の性」そのものを改変しています。そうした身体改変の代表は、医学的な手術です。詳しくは第2章や第4章で扱いますが、トランスジェンダーの人々のなかには、手術によって胸を平らにしたり、外性器を除去したり、あるいは新しく外性器を作ったりする人がいます。つまり「身体の性的特徴」の代表としてイメージされがちな身体的特徴すら、変更することが可能なのです。身体のなかを満たす性ホルモンのバランスも、人工的に変えることができます。

さらに、しばしば「身体の性」は「戸籍の性」と同じ意味で受け取られることがあります。しかし現在の日本では、戸籍や身分証における名前や性別を変更することができますから、そうした証明書と、特定の出生時の身体の形や特徴が結びつき続けているわけでもありません。このような背景を踏まえると、実際には「身体の性」という言葉がイメージするようには、私たちの性別は変更不可能なものではないことが分かります。

現在、「身体の性」ではなく「出生時に割り当てられた性別」という表現が好まれるようになっているのは、以上のような理由によります。私たちの身体には、確かに性別と密接な結びつきを与えられている部位・特徴が存在しています。しかし実際には、私たちは社会生活のなかで互いの性別を不断に振り分けており、そうした性別のカテゴリー分けは、本章で何度も述べてきたように子どもが生まれる瞬間から（あるいは生まれる前から）続いています。「出生時に割り当てられた性別」という表現は、私たちに「性別」が与えられているという、その社会的な実践の存在を含意している点で、より実態を反映できているのです。

「出生時に割り当てられた性別」という表現はまた、単に外性器や戸籍の登録情報を指すだけでなく、「あなたは女の子として／男の子としてこれからずっと生きなさい」という、その後の生き方についての命令までもが乳幼児に課せられているという事実へと、私たちの目を向けさせてくれます。この命令の詳細については、このあとすぐ立ち返ることにな

ります が、一言で言ってしまえば、そうした「女性としてずっと生きなさい／男性としてずっと生きなさい」という「割り振り＝命令」に従わないことによって、トランスジェンダーの人たちは特別な困難に立たされることがあるのです。

次に、「心の性」という言葉の弊害を説明します。「心の性」には、自分一人の認識に基づくものだというニュアンスが残念ながらあります。これは、人々が社会のなかを生きていく過程で自身の性別についての認識を確立させていくプロセスを考慮できていません。先ほどのジェンダーアイデンティティの説明でも述べた通り、私たちは成長するにつれ自分がどの性別集団の一員として扱われているのかを理解し、また自分がどの性別集団に属する人間として生きていくのか、あるいは生きていけないのか、という将来のイメージを持つようになります。

「心の性」という言葉から欠落しているのは、この社会的な要素です。実際のところ、トランスジェンダーの人たちの存在とは無関係に、現在の社会では男女の性差が大きな意味を持ってしまっています。だからこそ、そうした社会で生きていくうえで、どの性別集団の一員に自分が属しているかということが、アイデンティティにとっての重要性を獲得するのです。

さらに「心の性」という表現には、そのときどき、一瞬一瞬で自分の気持ちが変化するという、不安定さの響きもあります。しかしジェンダーアイデンティティということで言われているのは、性別についての安定的な自己認識のことであり、そのときどきの思いつきや、何の実質も伴わない一時的な自己主張とは、大きく異なります。

確かに、自分自身のジェンダーアイデンティティが「揺らぐ」人たちはいます。しかし、そうした「揺らぎ」が本人の生活にとって大きな意味を持ち、しばしば深刻な悩みをもたらしもするのは、それが「気持ちの問題」では済まないくらい社会で性差が重要性を持ち、各人のアイデンティティの中核に、性別についての自己認識が深く埋め込まれているからです。

以上が、「心の性」という言葉を使うことの弊害です。*5

性別にまつわる二つの課題

最後に一つのたとえを使って、本章で紹介してきたトランスジェンダー（およびシスジェンダー）の説明を補足しておきましょう。

これまで何度か、生まれた子どもは性別を割り当てられると述べてきました。この「割り当て」という事態は、子どもに二つの「課題」が与えられることとして理解可能です。

一つ目は、「女の子として／男の子としてこれからずっと生きなさい」という課題。
二つ目は、「女の子は女の子らしく／男の子は男の子らしく生きなさい」という課題。

ここでは、二つ目の課題から説明しましょう。「女の子は女の子らしく／男の子は男の子らしく生きなさい」という課題は、トランスジェンダーではない多くの人々にとっても、身に覚えがあるはずです。

例えば、皆さんが「フェミニスト」としてイメージする人々は、きっと「女らしさ」からの解放を求めていることが多いでしょう。つまり、女だからといって「女らしさ」を求めるな、「女らしさ」は女性たちを抑圧する男性たちによる都合の良い押しつけだ、という具合です。これは、「女らしさ／女の子らしさ」という「規範」に対する異議申し立てであり、先ほどの言葉を使えば、二つ目の課題の押しつけに対する反発や抵抗であると言えます。

私たちの社会では、依然としてそれぞれの性別に「らしさ」が強固に結びついており、そうした「女らしさ」や「男らしさ」は、人々を苦しめるものであり続けています。ある人が「自分らしく」生きることよりも、その「性別らしさ」が優先されてしまうなら、個人の自由な生き方は妨げられてしまいます。女性だからといって家事や育児を無償で担わなければならないのはおかしいですし、男性だからといってリーダー役を強いられたり、家庭外で長時間働かされたりするのもおかしなことです。ですから、生まれてからずっと押しつけられる、この「らしさ」についての課題（二つ目の課題）と闘うことはとても大切なことです。「女らしさ」や「男らしさ」は時代や地域によって内容に差がありますが、どの文化圏に生きていようと、誰かに押しつけられるべきことではないでしょう。

他方、「らしさ」に異論を唱える人が「女性だからといってどうして女性らしくしなければならないのか」と述べるとき、そこでその人が「女性であること」は、前提とされています。その人は「女性であること」そのものに異議申し立てをしているわけではないのです。もし、その人がトランスジェンダーでないなら、その人は生まれてから今に至るまで「女性である」という状態を引き受け続けてきたのでしょう。このとき、その人は「あなたは女の子ですよ／女性としてずっと生きていってください」という一つ目の課題については、上手にその課題をクリアし続けていることになります。もしかするとその人は、あまりに上手にその課題をクリアできてしまっているために、自分にそうした「課題」が与えられていたという事実にすら気づいていないかもしれません。

トランスジェンダーの人がクリアできなかったのは、その一つ目の課題です。生まれたときに（外性器の形一つで）割り当てられた性別。その性別の人間として、終生変わらず生きてください、という一つ目の課題。トランスジェンダーの人々は、その割り当てられた性別とは異なるジェンダーアイデンティティを獲得することによって、あるいは生きていくうえで結果として性別を変えてしまうことによって、その課題を棄却します。「女の子として／男の子としてこれからずっと生きなさい」という一つ目の課題は、トランスジェンダーの人々にとってあまりにも重すぎましたし、強いられるべきではない間違った課題だったのです。

もちろん、トランスジェンダーの人も、シスジェンダーの人と同様に、二つ目の課題に悩むことがあります。ただし、この二つの課題が異なる課題であることは、常に意識しておく必要があるでしょう。

よくある勘違い

よくある勘違いですが、トランスジェンダーの人たちは「女らしさ」や「男らしさ」を受け入れられなかった、あるいはそれに納得できなかった人たちのことではありません。トランスジェンダーの人たちは、生まれた瞬間に課せられた「女性であること」や「男性であること」の課題を引き受けられなかった人たちのことだからです。

例えばトランス女性の場合、男性（男の子）らしさが自分にとって嫌だったから女性的な存在になっているわけではなく、そもそも「男性（男の子）を生きてください」という押しつけが自分の人生と両立しないから、女性としての生を引き受けるわけです。

もちろん、幼少期のトランス女性は「男性（男の子）らしくしなさい」という二つ目の課題についても抵抗することが多いことが知られています。しかしそこにあるのは、ただ「らしさ」が嫌なのではなく、「なぜ男性ではないのに、男性らしさを押しつけられるのか」という、より根本的な違和感や抵抗感です。つまり、「男性ではないのに男性らしさを押しつけられること」への違和感（つまりトランス女性の違和感）と、「男性であるからといってなぜ男性らしくしなければならないのか」という違和感（シス男性やトランス男性も持ち得る違和感）は、区別することができます。前者の人は、一つ目の課題をそもそも放棄しようとしているのであり、二つ目の課題だけを退けようとしている後者の人とは異なります。そして、トランスジェンダーに固有の生きづらさは、この前者である「男性（女性）ではないのに男性（女性）らしさを押しつけられること」に由来しています。

第1章では、トランスジェンダーとはどのような人たちのことを指すのか、説明をしてきました。説明のなかにもたびたび登場したように、トランスの人たちのなかには、性別を移行したり、移行することを望んでいたりする人が多くいます。続く第2章では、そうした「性別移行」とは具体的に何をすることなのか、説明していきます。

第2章　性別移行

第2章では、性別移行について扱います。トランスジェンダーの人たちには、割り当てられた性別を何らかの手段で変えていく人がたくさんいます。ただ、性別を移行するといっても、メディアのイメージのように「性器の手術をしたから今日から女性／男性として生きられるようになった！」というわけにはいきません。トランスたちは長い時間をかけて、たくさんの困難と向き合いながら生きていく性別を変えていくのです。

ここではそうした性別移行を、精神的な（性別）移行、社会的な性別移行、医学的な性別移行の三つの側面から説明していきます。

①精神的な（性別）移行

第1章では、トランスジェンダーの一般的な定義と、生活実態に注目した説明とを紹介しました。しかしいずれにおいても、トランスジェンダーは「生まれたときからトランスジェンダー」だったわけではありません。どこかの段階で、「出生時に割り当てられた性別は、自分のジェンダーアイデンティティと違う」「出生時に割り当てられた性別のままでは生きていけない」という気づきに達して、自分がトランスジェンダーだと悟るのです。

そうしてトランスジェンダーだと自覚する時期は、人によって大きく異なります。本人の身体への違和感の強さだけでなく、トランスジェンダーにまつわる情報をいつ・どのように入手できるかにもよるでしょう。なかには、自分がトランスであるという認識にたどり着くまでに長い時間がかかる人も多くいます。そうした人たちは、生まれたときから命じられてきた性別としては生きていけないという事実を認めるまでに長い葛藤を経験することがあり、その最後の最後に、ある時点ではっきりと自分を「トランスジェンダーとして」認めるようになります。

一方で早い場合では、三歳や四歳くらいの幼少期から、性別への違和感に気づくトランスの子どももいます。とはいえ、割り当てられた性別とは異なるジェンダーアイデンティティを幼少期から主張するタイプのトランスジェンダーだとしても、やはりそこには、周囲からの扱われ方とは異なる性別として自己を認識するという、「不一致」を自覚する時点が存在するでしょう。そうした子どももまた、ジェンダーアイデンティティを明確に獲得することで、ある意味でトランスジェンダーに「なった」わけです。

このようにトランスジェンダーとしての自己を発見していくプロセスは、いわば「トランスジェンダーに『なる』」プロセスとして理解でき、これを「精神的な性別移行(mental transition)」と呼ぶ人もいます。当然のようにシスジェンダーとして扱われ、また自らもシスジェンダーのように生きようと努力し、そのように生きてきた自分から、トランスジェンダーとしての自己へと、変化・移行するのです。

そうした精神的な性別移行のプロセスは、その人がシスジェンダーのように生きてきた時間が長ければ長いほど、険しく、困難なものになるかもしれません。ここでは、そうした困難や紆余(うよ)曲折の例として、次のようなケースを具体的に紹介しておきましょう。

ケース1 「らしさ」の課題と混同する

第1章では、性別をめぐる二つの課題が区別できることを紹介しました。一つ目は、「女の子として/男の子としてこれからずっと生きなさい」という課題。二つ目は、「女の子は女の子らしく／男の子は男の子らしく生きなさい」という課題でした。トランスジェンダーとは一つ目の課題をクリアできなかった人たちを指しますが、そうしたトランスの人たちは、二つ目の「らしさ」の課題、つまり性規範や性役割の問題と、自分の葛藤の正体をすぐには区別できないことがあります。

例えば、自分がトランス男性なのか、女性らしさを拒んでいる女性なのかを、自信を持って判断できないケースを見てみましょう。スカートが嫌だという感覚は明確にあったとして、それが「女性らしさ」に対する違和感や拒否感に由来するのか、それとも男性であるはずの自分を否定される経験であるがゆえに拒否感があるのか。両者を自分のなかで明確に区別して、他者に明確に説明できるようになるのは、未成年の子どもにとってはとても難しいことかもしれません。

その人が実際には「（トランスジェンダーの）男性」にもかかわらず、「自分は女性らしさに抵抗がある（シスジェンダーの）女性」に違いない、と割り当てられた性別に基づいてあくまでも自分を強引に説得し続ける場合、その人がトランスジェンダーだという気づきを得るのは遅くなります。あるいは、そもそもトランスジェンダーという存在や言葉を知らないとしたら、自分の「スカートが嫌だ」という強烈な違和感が「らしさ」の課題への忌避感とは別のところに由来するという事実に気づくことはますます難しくなります。

ケース2「同性愛者」と混同する

ほかにも、トランスの人のなかには、まず「同性愛者」としての自分を発見していく人が少なくありません。

そもそも社会が押しつけてくる性別に抗う（あらが）ことは難しく、世の中のあらゆる法律・サービス・風潮も、社会にはシスジェンダーしか存在しないという前提で設計されています。そのため、出生時に割り当てられた性別と同じ性別の人を好きになった場合、最初に「シスジェンダーの同性愛者」として自分を理解するというのはよくあることです。自分の性別を疑うよりも、「性的指向が（割り当てられた性別から見て）同性に向く」という客観的な事実を受け入れることのほうが、先にくる場合があるのです。

例えばトランス男性で、性的対象が女性である場合、「女性として成長してきた自分が女性を好きだということは、自分は女性同性愛者（レズビアン）なのかな」と、一旦把握することがあります。こうしたとき、自分が「トランス男性であり、男性として女性を好きになる異性愛者だ」という理解は遠ざかります。あるいはトランス女性で性的対象が男性の場合、はじめに「自分は男性同性愛者（ゲイ）なのだ」と思うこともよくあります。

大事なことなので念押ししておきますが、自分の性別をどう理解するかというジェンダーアイデンティティと、自分がどんな性別の人に惹かれるか（あるいは惹かれないか）という性的指向は別の話です。当然ながら、トランスの人には異性愛者（ヘテロセクシュアル）だけでなく同性愛者（ゲイやレズビアン）や無性愛者（Aセクシュアル）の人もいます。つまり、トランス男性かつゲイ、トランス女性かつレズビアンのように、トランスであることだけでなく性的指向のほうでもマイノリティである人が存在するということです。そうした人たちは、異性愛者のトランスの人とは少し違った仕方で、性別の自己理解を得るのが難しくなるかもしれません。

例えばトランス男性で、性的対象が男性である場合、「女性として成長してきた自分が男性を好きだということは、自分は異性愛者の女性なのだろう」と誤解してしまうかもしれません。しかし、本人にはきっと違和感があることでしょう。なぜなら、その人はシスではなくトランスですし、女性としてではなく男性として男性のことが好きで、相手の男性からも男性として愛されたいと望んでいるはずだからです。その人にとって、自他ともに女性として認識される状況は間違っていますので、「出生時に女性だった」かつ「性的対象が男性である」という状況だけから「異性愛者の女性」という自己認識を得てしまうと二重のズレが生じます。そうした人は、「本当はトランス男性で、男性として男性が好きなゲイなのだ」という自己理解に至ってようやく、自分の正しいアイデンティティに気づくことができます。

ここでは、精神的な性別移行が遅くなる要因として、本当は異性愛者なのに同性愛者だと混同してしまう前者（トランスかつヘテロセクシュアル）の例と、本当は同性愛者なのに異性愛者だと混同してしまう後者（トランスかつゲイ）の例を紹介しました。繰り返しますが、その人がトランスであることと、どんな性別の人に性的指向が向くかは別の話です。

ここで紹介した二つのケース以外にも、「精神的な性別移行」が遅れる理由はさまざまです。闘病や貧困など、性別以外のことに多くの身心のエネルギーを割かなければならなかったり、トランスジェンダーという言葉や存在を知らなかったりすると、トランスとしての自己を発見する機会は必然的に遠ざかります。なかでも、内面化したトランスフォビア（嫌悪）が深刻な人の場合、自分がトランスジェンダーであることを認めるのに時間がかかることがあります。社会に満ちているトランスフォビアは、トランス当事者の心のなかにも、当然浸透しているのです。

そうした紆余曲折を経て、自分をトランスジェンダーとして発見する「精神的な性別移行」の先にようやく、社会的にはどう生きていくべきか？　という問いが浮上してきます。

②社会的な性別移行

皆さんは性別分けスペースと聞くと、どのような場所を思い浮かべますか？　実のところ、私たちの生活は男女で分けられたスペースだらけで、かなり多くの機会において、性差に頼った空間で暮らしています。トイレ・更衣室・公衆浴場などが男女別のスペースとして想像されやすいですが、服売り場や美容院などのお店をはじめ、公共交通機関の座席で異性の横を避けるとか、学校の休み時間に何となく同性で集まりがちといった場面まで思い浮かべれば、無意識にせよ私たちが男女でスペース（場所）を区別しつつ生きていることに気づくでしょう。社会のあらゆる空間は、今のところ男・女二つの性別で分けられているのです。

こうした状況は、ノンバイナリーの人にとっては大変に生きづらいものです。とはいえノンバイナリーの人のなかにも、出生時に割り当てられた性別とは違った性別へ移行していく人はいます。移行してからも「女性」か「男性」というバイナリーな性別に擬態する人もいれば、「ノンバイナリー」としての自分の存在を確保していく人もいます。国や地域によっては、公的にノンバイナリーの存在が認められつつある場所もあります。

トランスの人たちが社会的に生きていく性別を変えるとき、つまり割り当てられ命令された性別として生きるのをやめようとするとき、トランスの人たちはそうして性別分けされた空間の使い方を変えることになります。それは同時に、他者との関係性や距離感の保ち方を変えることでもあります。これから説明する「社会的な性別移行」とは、そうした実践を指します。

トランス男性のハルカ／ハルトの場合

ここでは、架空の人物に登場してもらいましょう。トランス男性のハルカです。彼はのちに、ハルトに改名します。

ハルカは出生時に女性を割り当てられ、女性として育てられ、これまで女性として生きさせられてきた。18歳の夏、実家を離れたタイミングで、ハルカはようやく、自分の生きづらさが性別に由来することにはっきり気づく。つまり、自分には女性としてのジェンダーアイデンティティがなく、自分は女性でないということ、むしろ男性集団の一員として生きていくのが自分のあるべき将来であることに気づく。そうしてハルカはトランスジェンダーであり、男性である、という自己理解を固め、「精神的な性別移行」を終える。

そこで、次のステップだ。どうすれば社会的に男性に「なる」ことができるのだろう。

ハルカはためしに大学のLGBTQサークルに入ってみた。ところが、そこでは同性同士の恋バナが繰り広げられており、トランスジェンダーに関する情報は何ら得られなかった。そのサークルでハルカは「彼女いるの？」と聞かれ、戸惑いを覚えた。それまでも同級生などからは「彼氏いるの？」と聞かれることがあり、気分を害していたが、サークル内ではシスジェンダーの同性愛者であるかのように「配慮」されてしまい、それもまた違うのだった。

ハルカは次に、SNSでアカウントを作ることにした。プロフィールの初期設定では、性別を選ぶよう求められる。それまでは、少し嫌な気分ではありつつも、何も考えないようにして「女性」を選んできたが、今回は生まれて初めて「男性」にチェックを入れる。

SNSを開くと、それまで見てきた広告とは違ったタイプの広告がスマホに流れてくるようになる。自動車工場の求人や、スポーツ雑誌の宣伝などだ。男性向けの広告には興味が持てない。とはいえ、化粧品や韓国アイドルの広告ばかり流れてくるよりは、少しだけ快適さを感じた。そこには、新しい世界が広がっているようだったから。

ハルカは女性ものの服と兄からもらったジャージ（何年も大切に使っている）しか持っていないが、ゆくゆくは男性としての社会生活を送りたいので、男性用の服を買うことにした。しかし実店舗に行く勇気は出ず、Amazonを利用した。

届いたメンズ服は、一番小さいサイズを買ったのに腰回りがだぼだぼで、男性の身体はなんて大きいのだろうとショックを受ける。本当に自分は「男性」になることなどできるのだろうかと、不安である。

落ち込みながら配達の段ボールを見ると、女性名の「ハルカ」がよそよそしく見える。この名前、好きじゃない。Amazonの配送先の宛名を「ハルト」に変更しよう。それ以降はハルト宛ての荷物が届くようになり、一人で喜びを嚙(か)み締める。ネットショッピングの名前は、変更可能な場合はすべてハルトに書き換えて利用することにした。

服を変えたら次は髪型も変えたい気分になり、美容室でショートヘアにすることに。男性モデルの写真をおそるおそる美容師に見せると、少しびっくりされた気がする。本当に刈り上げちゃって大丈夫ですか？　と心配されるが、黙ってうなずく。何かを察したように美容師も詮索をやめる。

ハルトは周囲の男性たちがどんな服装や振る舞いをしているのか、よく観察してみた。自分より背の低い男性を見つけると、密（ひそ）かに安堵（あんど）する。とはいっても、やはり自分とは全然違う存在に感じられる。男性に「なる」には、道のりが長い。

服装と髪型を変えたことで、久しぶりに会う大学の友だちにはびっくりされる。やがて、一番仲の良いトモカにはカミングアウトした。トモカも戸惑っていて、何を言ったらいいのか分からないようだ。最後に「これからは男の子として接したほうがいいのかな？」と聞かれた。急に態度を変えられるのも怖いが、気遣いは嬉しい。

お金がかかるのはつらいが、男性モノの服飾を着々と揃（そろ）えていく。メンズ服を着るには胸の膨らみが邪魔になるので、Amazonで購入したバインダー（ナベシャツともいう）で胸部を締めつけて、胸が目立たないように工夫している。帽子を被ると、少年になった気持ちになれる。とはいえ、まだ同級生からはボーイッシュな女子だと思われているに違いない。

ただ、自分を知らない人からは、「声を出すまでは男性かと思った」と驚かれる機会が増えてきた。驚かれることはとても嬉しいが、声は憎い。

だんだんと女子トイレでびっくりされる機会も増えてきた。トイレを我慢するか、多目的トイレに行くしかない。服装だけでなく、少しずつ男性的な歩き方や視線の動かし方も身につけたので、女子トイレのような場所では目立ってしまうようだ。

商業ビルの奥まったトイレで、初めて男性用のトイレに入ってみた。誰もいなくてほっとする。小便器があって、ゴミ箱がない個室空間は異質だったなと、足早にトイレを去った。大学では知り合いがいるので男子トイレにはまだ入ることができない。そのため授業中にお腹が痛そうなふりをして抜けだして、多目的トイレを使っている。

ハルトは居酒屋でバイトを始めた。女性のアルバイトはホールを希望する人が多く、実際にホールスタッフは女性しかいないが、ハルトはキッチンに配属してもらえることになった。髪が短く、メンズの服しか着なくなっているので、店長も状況を察してくれているのかもしれない。キッチンは男性ばかりで、仕事に熱中していると男性たちの空間に溶け込めている気がする。女性扱いされない！　嬉しい‼

ある日、家族から年末年始の連絡が来る。成人式に行くものだと思われているが、いろいろな言い訳をつけて振袖は拒否した。とはいえ、どこかで意を決してカミングアウトしなければと考える。

実家に帰ると、すっかり男のようになったハルトに家族は驚いている。祖父母はいとこのお姉ちゃんが出産したことに触れ、これみよがしに孫の話をする。よくこんな家で女性として18年も過ごしたものだと思う。この家に生まれていなければ、もっと早く自分がトランスジェンダーだと気づけたのに。

やむを得ず家族にカミングアウトをした。親には泣かれたが、「何となくソッチ系かなとは思ってたよ」と言われる。差別的なニュアンスも感じて素直に喜ぶことはできないが、性別移行を進めていく覚悟は伝わったようだ。

親の扶養には入ったままだが、保険証の性別欄を裏面記載にしてもらうことにした。表面に堂々と「女」と表記されているよりは、いくぶんマシだろう。

戸籍上の名前も「ハルカ」から「ハルト」に変えたいと家族に伝え、その後すぐに裁判所に連絡をして、無事に改名が成功した。改名するには通称名の使用実績が必要だというので、初めてハルトの名前で届いたAmazonの段ボールからはがして大切にとっていた送り状も活用したのだ。

書面上だけでなく、日常的に「ハルト」を名乗るようになる。すると見た目と名前から、初対面の人には男性だと思われる機会が増えた。

時を同じくして、バイト先で新しく男友達ができた。女性扱いされながら男性に気を遣われていたときよりも、男性との会話が楽に感じる。

その一方で、女性との距離感が変わっていくのを実感する。電車に座っていると女性に敬遠されているようだし、エレベーターに乗るときは女性と二人きりにならないようにハルトが気を遣う。そうして、女性との「同性間コミュニケーション」はほぼなくなり、どちらかといえば男性から「同性」と見なされることが増えた。

戸籍名が変わった保険証を使って、市が運営するスポーツジムに通うようになった。更衣室が個室なので利用しやすい。筋肉をつけて、大きな服が似合う身体になりたい。

ハルトの「社会的な性別移行」は、おおむね終わった。21歳。新しい自分だ。

とはいえ、就活のことを思うととにかく気が重い。フォーマルな格好を求められる職場は作業内容までも男女ではっきり分けられてしまうと思い、スーツを着なくて済む中小企業を中心に情報を集める。

当事者の就活体験談では、「トランスジェンダーだと知られると、前例がないからと断られた」という声も聞き、そんな差別的な環境に自分が入っていくのかと絶望が募る。一方で学生時代に戸籍変更まで終えると、トランスだと知られずに就活することも可能らしい。しかし、到底そんなお金はないし、気力も持たないだろう。改名や性別変更を経て「別人」として生活し直すために、それまでの学歴やキャリアを断ち切る人もいるようだ。

ほかのトランス男性の人たちはどうしているのだろう……。YouTubeで「FtM」や「トランス男性」と検索して、情報を集めていく。声変わりしたトランス男性の動画は、ハルトに希望を持たせてくれるものだった。身近にトランスジェンダーがいないハルトにとっては、インターネットは貴重なコミュニティなのだ。どうやら医学的な性別移行も可能らしい。さて、これからどうしようか。

ハルトの物語はここで一旦終わりです。振り返ってみて、ハルトはどのような社会的性別移行を経験したでしょうか。改めて列挙しておきます。

・ネットコミュニティへの参加
・通称名の使用

・衣服の取り換え
・髪型の変更
・男性的な仕草の習得
・友人や家族へのカミングアウト
・戸籍名の改名　※戸籍の性別変更以前に、名前だけ変更することが可能。
・使用する性別分けスペース（トイレや更衣室）の変更
・男性集団への同化

社会的に性別を変えるのはとても複雑だということが、お分かりいただけると思います。ハルトの場合は家族と離れて暮らす大学生でしたが、ライフステージが異なればまた違った困難が出てきます。例えば、結婚後に性別違和をはっきり自覚して性別移行する人の場合、結婚生活を維持するかどうか配偶者と話し合うことになるケースがほとんどです。離婚に至ることも多々あります。すでに子どもがいる人の場合は、「母親」から「父親」、あるいは「父親」から「母親」になったように見えるため、親として期待される役割までもが変わってくるかもしれません。

また、性別分けに依拠した住居空間である児童養護施設や学生寮などに住み続けなければならない場合、性別を移行するトランスジェンダーの存在がはじめから想定されていないため、なおさら社会的な性別移行は本人にとって危険な試みになります。

他方、ここで紹介した「社会的な性別移行」だけでなく、身体的な性的特徴を変える「医学的な性別移行」を必要とする人もいます。なかには、社会的な性別移行を第一に望んではいないが、医学的な移行を望む人もいます。最初に「社会的な性別の扱われ方」に違和感を強く持つか、それとも「自分の身体的特徴」に違和感を強く持つか。性別違和の現れ方は、トランスの当事者のあいだでもさまざまなのです。

③医学的な性別移行

トランスジェンダーの人々は、医学的措置を通じて身体を変えていくこともあります。これを「医学的な性別移行」と呼ぶことにします。

第1章では、身体の性的特徴は雑多であり、局所的に決まっているわけではないこと、またそうした特徴のなかには、変更が可能なものもあることを説明しました。だからこそトランスの人は、その状態を変えることで他者から認識される性別をコントロールしたり、自分にとって違和感のない身体を手に入れたりすることができるのです。

　では、身体を変えるとは具体的にどのようなことをするのでしょうか。ここでは、いわゆる男性化をしていく場合と、女性化をしていく場合に分けて、どんな医学的措置が行われ得るのかを紹介します。

〈男性化していく場合〉

・男性ホルモン投与
・胸オペ（乳腺・乳房切除／乳頭・乳輪縮小術／男性型胸郭形成術）
・子宮と卵巣の摘出
・膣(ちつ)閉鎖
・尿道延長術
・陰核陰茎形成（metoidioplasty）
・陰茎形成（phalloplasty）
・陰嚢(いんのう)形成

〈女性化していく場合〉

・女性ホルモン投与

・睾丸(こうがん)摘出

・陰囊切除

・陰茎切断

・造膣（膣を形成する手術）

・声オペ、喉ぼとけ削り

・ＦＦＳ（顔の女性化手術）

・脱毛

・豊胸

ホルモン投与と脱毛を除けば、手術の名称でいっぱいです。これから解説していきます。

まずは〈男性化していく場合〉について、大きく三つの医療に分けて見ていきます。一つ目は、継続して治療していくことの多い男性ホルモン投与です。二つ目は通称「胸オぺ」とも言われる、上半身の手術（top surgery）です。三つ目は下半身の手術（bottom surgery）であり、これには子宮と卵巣の摘出や、陰茎形成手術などが含まれます。このうち、男性ホルモン投与か胸オペから治療を開始する人が多いです。内性器や外性器の手術は性ホルモンのバランスを変えるため、下半身の手術が真っ先にくることは基本的になく、またそうした手術を受けるためにはそれ以前に男性ホルモンを1年以上投与していることが条件になる場合もあります。その一方で、男性ホルモン投与と胸オペの開始については、特に順序が問題になることはありません。

まずは、男性ホルモン（アンドロゲン製剤）投与の影響から見ていきましょう。基本的にはテストステロンの服薬となります。よく知られている男性ホルモン薬には、エナルモンデポー、テストステロンデポー、テスチノンデポー、ネビドデポーといった製品があり、摂取方法は注射が多いですが、塗り薬もあります。ホルモンによる変化にはもちろん個人差がありますが、ここでは代表的な変化を挙げます。

最初に出やすい変化としては、性欲が高まったり、陰核（クリトリス）の肥大を感じたりします。数カ月以内に生理が止まる人が多いようですが、子宮を摘出しない限りは生理が復活する可能性もあります。テストステロンを投与すると声も低くなり、変声期を迎えます。とはいえシス男性の思春期と同様に、声変わりが落ち着くまで数年ほどかかることもあります。喉ぼとけが少し目立つようになり、手首には血管も浮きでてきます。テストステロン投与から1年目はとりわけ変化が著しく、食欲が増加したり、肌荒れがひどくなったりすることもよくあります。体内のホルモンバランスが安定しないあいだは、メンタルの調子が悪化することもあります。体毛は増加しやすい一方で、頭髪が薄くなるかもしれません。体臭も変わります。成人したトランスジェンダーの場合は、基本的に身長が伸びることはありませんが、筋トレすることで筋肉がつきやすくなります。ある程度ホルモンによる働きが落ち着いてくると、あとは変化を促すというよりは体調維持のためにテストステロンが必須となります。トランス男性のなかには「投与前よりも涙が出にくくなった」と実感する人もいます。以上、男性ホルモンによる変化でした。

次に、胸オペの説明をします。胸の膨らみを平らにする手術のことですが、胸のサイズによって術式や価格は異なります。タイに渡航して安く行う場合は35万円程度（渡航費は別）から、日本国内で大きなサイズの胸を取る場合は80万円以上かかることがあります。さらに手術して、乳頭を小さくしたり色を変えたりすることも可能です。

続いて、下半身の手術について。子宮や卵巣を摘出するには、下腹部を切る切開法と、傷跡をより少なくするために腹腔鏡カメラを用いる腹腔鏡法という二つの手術方法があります。一般的に（子宮・）卵巣摘出までして生殖機能を失っていると、日本の特例法に則（のっと）って戸籍上の性別を「男」に変更できます。卵巣を摘出すると女性ホルモンの分泌がなくなるため、術前よりも少ない容量で男性ホルモンの変化を得やすくなります。

尿道延長の手術をして外尿道孔を位置変更すれば、立ちションが叶う可能性があります。陰茎を形成するには、ミニペニス形成とも呼ばれる、自身の陰核を活用して陰茎のかたちに近づける手術（metoidioplasty）と、自身の他の部位から陰茎を作る手術（phalloplasty）があります。なお、陰茎形成手術まで保険適用に含まれている国では、そうでない国よりもトランス男性による陰茎形成手術の満足度が高いようですから[*1]、費用の負担がどれくらい少なくて済むかというのも、本人の生活を考えるうえで大きな問題といえます。日本では現状、自費治療です。

子どもがほしい場合、トランスの男性やノンバイナリーの人自身が妊娠・出産を経験するケースもあります。しかし子宮・卵巣の摘出後は自分の身体での妊娠は不可能になり、また自分で精子を持つこともできないため、他者からの精子提供や養子縁組によって子どもを育てるという選択肢があります。

次に〈女性化していく場合〉を見ていきましょう。この場合は、ホルモン投与、下半身の手術、そのほかの三つに大別することができます。

まずは女性ホルモン投与です。身体の女性化を目的として投与されるホルモン剤（女性ホルモン）は、大きく分けて二種類、エストロゲン（卵胞ホルモン）とプロゲステロン（黄体ホルモン）があります。通常、積極的な女性化を期待する場合はエストロゲンのみを投与・服用する場合が多いですが、体内で生成される男性ホルモンの働きを抑制することを意図して、プロゲステロンを同時に投与・服用することもあります。いずれも注射や錠剤、ジェル、湿布などの方法で投与・服用することができます。

ここではエストロゲン投与によって起こり得る身体の変化を列挙します。まずは乳腺の発達です。いわゆる思春期に乳房が膨らんでいく女性が多いように、エストロゲンは乳腺を発達させ、ふっくらとした脂肪によって身体に乳房を作りだします。エストロゲンの効果はほかにもあります。肌は全体的に白く、薄くなります。皮下脂肪がつきやすくなり、身体がふっくらしていきます。顔つきも柔らかくなります。お尻が大きく、丸くなります。髪質は柔らかくなり、髪の毛一本一本に張りが生まれます。身体全体の筋肉が急速に落ち、階段を上がるだけで息切れするようになることもあります。体毛が少し薄くなる人もいます。体臭はいわゆる男性的な匂いから、女性的な匂いへと変化します。性欲が減退します。陰茎が徐々に小さくなることもあります。ただ、声は高くはなりませんし、骨格の形も変わりません。

次に下半身の手術について。まずは睾丸の摘出です。女性化を望むトランスジェンダーが睾丸を摘出するのは、それが男性ホルモンを生成する臓器だからです。つまり睾丸の摘出により、身体が男性化していくことを妨げ、またエストロゲンによる女性化の働きを促進することができます。ちなみに、睾丸の摘出と同時に陰嚢の切除を行う人もいます。

下半身の手術、二つ目は陰茎の切断です。なお、これには新しい尿路の確保が伴います。切断と同時に陰核や外陰部を形成する場合も多いですが、いずれにせよ次に説明する造膣と陰茎切断は同時に行うことが多いです。ただし、造膣を伴わない陰茎切断術も国内では行われていますし、現在の特例法では陰茎切断さえしていれば造膣術を受けていなくても戸籍の性別を変えることができます。

下半身の手術、三つ目は造膣術です。文字通り、膣を作ります。陰茎や陰嚢の一部を利用する方法から、腸の一部を切り取って膣に変える方法など、さまざまな方法があります。

見た目や性的感覚の点で懸念を抱く方も多いかもしれませんが、適切な場所で手術を受け、適切なケアを行えば、多くの女性が持っているものと同様の見た目、機能の膣を維持できます。

女性化のための医療措置にはこのほかにも、ひげを代表とする脱毛や、豊胸、喉ぼとけの出っ張りを削る手術などがあります。ひげがなくなると男性として認識されにくくなり、胸に膨らみがあると女性として認識されやすくなります。もちろん、それにより本人が感じる身体への違和感、不合感も軽減します。喉ぼとけを削る人がいるのも、その出っ張りが現在の社会では男性的な身体の特徴として意味づけられているからです。なかには、眉骨を削るなどして顔面を整形し、女性的な顔立ちに変える手術（Facial Feminization Surgery）を受ける人もいますが、高額であり経験者は多くありません。

これらの女性化のための措置のうち、生殖能力に直接関わるのは睾丸の摘出です。ただ、エストロゲンの長期間の投与・服用は、不妊化の状態を帰結するとされています。そのため、遺伝的な子を望む人々のなかには、エストロゲンの服用（や睾丸の摘出）に先立って精子を凍結する人もいます。ただ、精子の凍結・保存には継続的に高額な費用がかかるため、望んでもできない人が多いです。

主には第二次性徴を迎えた後のトランスジェンダーが受けることのある医学的措置について解説してきましたが、子どもの第二次性徴そのものを遅らせる措置も、時代的にはかなり前から可能です。そうした医学的措置を、総称して「思春期ブロッカー」と呼びます。幼少期からトランスジェンダーとしての自己を主張し、出生時に登録された性別とは異なる人生を歩み始めている子どもにとって、第二次性徴による身体の変化には絶望にも等しい苦悩が生じます。思春期ブロッカーは、そうした第二次性徴を延期させるためのものであり、その投与を受ける子どもの多くは、そのままテストステロンやエストロゲンのような、成人と同様のホルモン治療に進みます。他方で、思春期ブロッカーの投与をやめれば、体内で自然に生成されるホルモンの働きによって、いわゆる思春期の身体変化がやってきます。その意味では、これは若いトランスの子どもが自分の人生を決めるための猶予期間を与えてくれるものだとも言えます。

以上が、医学的な性別移行の概要です。しかし忘れてはならないのは、トランスジェンダーだからといって全員が一律の治療を必要としているわけではないこと、そして、自分に必要な医療措置を選ぶのはあくまでも本人だということです。ただしホルモン治療には、肝臓への負担や生殖機能の喪失、心不全や心筋梗塞のリスクの増大など多くの副作用があり、ホルモンによって引き起こされる変化は不可逆的なものです。そのため、必要な医療措置を選ぶ際は、専門家の知識を借りることもためらわないでください。

なお、ここで列挙した医学的措置については、その順序が重要になることもあります。受けられる手術の順番が病院によって決められていたり、保険適用で安く手術が受けられるかどうか変わったりすることもありますので、詳しくは各病院に確認をとってください。日本精神神経学会による「性同一性障害に関する診断と治療のガイドライン」も、手術を受けるにあたって推奨される順序を示しており、参考になるかもしれません。こうしたトランス医療については第4章で詳述します。

性別は「場」で分散する

ここまで、「社会的な性別移行」と「医学的な性別移行」について、簡単にではありますがその内容を見てきました。ただ、今皆さんが持っているかもしれないイメージのようには、性別移行の試みはまっすぐには進みません。ここでも想起してほしいのは、性別が社会のなかにあるということです。私たちの社会生活はさまざまな場所をめぐりながら営まれていますが、それぞれの場所で、自分が女性なのか男性なのか、私たちは常に問われています。

ここで、架空のトランス男性であるハルトの物語を思いだしてみましょう。ハルトの生活は、どのようになっているでしょうか。

・SNS：男性ユーザーとして存在している。
・地元の同級生：ハルトを女だと思っている。ハルカといまだに呼んでくる。
・兄：妹だと思っている。
・親：娘だと思っている。だが、何らかの性的マイノリティかもしれないと予想していた。
・バイト先の店長：女性として扱わない。
・バイト先の新しい男友達：ハルトのことを同年代の男子だと思っている。
・たまたま寄ったアパレル店：背の低い男性客だと認識している。
・駅ビルの男子トイレですれ違ったサラリーマン：若い男子が個室から出てきた、と思っている。

・地元の最寄り駅の女子トイレでびっくりする清掃員：男かと思ったけれど、女子トイレにいるから女に違いないと慌てて謝罪してくる。あるいは、いぶかしがる。
・市営のスポーツジムのほかの利用者：男性の利用者が筋トレをしていると思っている。
・親友のトモカ：呼び方はハルカからハルトに変わったが、何となく「女友達」の延長で関係を続けている。
・郵便配達員：名前の登録が二つに分かれているため、ハルトのことは、ハルカという女性と同棲（どうせい）している男性だと思っているのかもしれない。

生活時間のほぼ全域にわたって男性として生きるようになったハルトですが、いまだに「女性」として存在させられてしまう場もありました。例えば実家に帰ったときや、地元の友人が遊びに来ているとき、また病院で保険証を見せるときなどは、女性と見なされ、女性扱いを受け、その場においては、一時的にであれ女性として存在させられるわけです。

このように、私たちの生活はさまざまな「場」で構成されています。トランスジェンダーたちは、ある場所では移行前の性別として、またほかの場所では移行後の性別として、場ごとに異なった認識のされ方をすることがあります。そのためトランスたちは、オセロの盤面を1マスずつ埋めていくように、1枚ずつ盤面の色を変えていくように、一つひとつの場において自分の性別を移行させていく必要があります。一気に全てのマスの色が変わるわけではありません。ふらっと立ち寄るアパレル店で男性客として存在できたとしても、実家に帰って、兄のいるリビングで「男性」として認められ存在できるようになるまでには、長い時間がかかることもあります。

そして、ここで注目してほしいのは、「場」ごとにどのように性別が認識されているのか、その決定権を握る要素はそれぞれの場ごとに異なっているということです。[*2] 例えば、知り合いのいないアパレル店では、性別が認識されるにあたっての最も重要な情報はパッと見ただけで判断される外見でしょう。しかし地元の友人や、実家の家族がいる場所では、「女友達」だったという過去の事実や、女性として育てられてきた来歴が、ハルトがどんな性別の人間として存在を許されているかにあたって圧倒的に重みを持っています。

このような「場」の分散は、実はトランスジェンダーだけではなくシスジェンダーも経験することがあります。例えばシス女性でも、低い声で不機嫌に電話に出ると、相手先から男性だと思われるかもしれません。そこでは声だけが性別の判断材料として使われているからです。シス男性でも、中性的な名前（カオルやミズキなど）だと、名前だけで女性だと思われて失礼なメールを受け取ることがあるかもしれません。そこでは文面上の名前が判断材料になっているからです。こういったとき、そのシスジェンダーの人は、ごくごく限定的にではありますが、場によって性別が分散する経験をしていると言えそうです。

トランスジェンダーの場合も同様です。違いがあるとすれば、シスジェンダーよりも多くの場の分散を経験しているという点でしょう。本人のジェンダーアイデンティティや望む生活によらず、さまざまな場所に応じて、どのような性別の人間として存在することができているかという実態が、トランスの場合はシスよりも著しく分散することがあります。

パスと埋没

もちろん、そうした「分散」はトランスの人にとっては快適な状態ではありません。ハルトの場合、男性として生きていきたいのに、なかなか男性としての存在を許されない場所があることは確実にストレスになりますし、状況によっては危険を感じることもあるでしょう。

そのためトランスたちは、性別の「分散」をなるべく減らして、移行後の性別で、どのような場においても一貫して生きることができる状態を目指すことが多くなります。もちろん、そうした場の「収束」には長い時間がかかります。これらの事実から私たちが覚えておくべきは、性別移行とはとても地道で、ゆっくりしたものにならざるを得ないということです。性別移行は、「今日から男」とか「今日から女」とか、そんなふうに簡単なものではありません。トランスのジェンダーアイデンティティが十分に尊重される場所がまだまだ乏しい現在、そうした性別の分散を減らすための多大なコストを、トランスの人たちは個々人で継続的に払い続けることになるのです。

ときに、このような「分散」が完全になくなり、「収束」が完成することもあります。トランスジェンダーであるという事実を誰にも知られることなく、もっぱら移行後の性別の人間として生きる状態、つまりオセロの色を白から黒へ全てひっくり返した状態です。そうした状況にある人のことを「埋没している」と言います。

これに対して、トランスの人が移行後の性別として認識されることはしばしば「パスする」と呼ばれます。「パス」とは、望む性別として承認され、難なくその場を通過できる状態を意味します。

とはいえ、ある場所で女性や男性としてパスすることと、恒常的に女性や男性として埋没することとは、大きく異なります。場所ごとにパスできる空間を増やしたとしても、オセロの全てのマスを移行後の性別に塗り替えて埋没するまでには、それよりもはるかに長い道のりがあるからです。

そうした埋没を目指す過程で、トランスの人たちはいろいろな「場」を切り捨てることがあります。そうすることで、場の分散を減らすことができるからです。過去の友人と一切連絡を取らないようにする、実家と縁を切る、転職するなどはその一例です。トランス男性の場合、自分を女性として認識している人との縁を切れば、自分が「女性」として存在させられてしまう場所が存在するという、場の分散を減らすことができるでしょう。

ただし絶対に覚えておくべきなのは、こういった「場」の切り捨てを、トランスたちは好き好んでやっているわけではないということです。自分が自分として生きていくために、自分が自分として生きられない場所を減らすために、少しでも新しい自分の生活を安定させるために、多くの場合はやむを得ず、トランスたちは「場」を切り捨てているのです。当然それは、多くの人間関係を失う結果にもなるでしょう。ですからこれは、トランスジェンダーではない人たちが受け止めるべき問題です。そのことを忘れないでください。

ノンバイナリーと性別「移行」

この章では性別移行について話してきましたが、説明をシンプルにするために、女性から男性、男性から女性、という例ばかり用いてきました。では、ノンバイナリーの人たちにとっての「性別移行」とは、どのようなものになるでしょうか。

多くのノンバイナリーの人たちは、他者から勝手に「女性」や「男性」として一貫してカテゴライズされることに著しい違和感を覚えています。それゆえノンバイナリーの人のなかには、その状態を脱出するために「社会的な性別移行」を試みる人がいます。また、トランスの男性や女性がそうであるのと似た仕方で、自分の身体に対しても違和感・不合感を抱く人がおり、そのなかには「医学的な性別移行」を経験する人もいます。そして当然、その二つを並行して行う人もいます。

ただ、ノンバイナリーの人たちの医学的な性別移行をどのように理解すべきかについては、注意を要する点もあります。例えば、男性にありがちな身体を持って生まれたノンバイナリーの人が、睾丸を摘出して、女性ホルモンの投与を始めたとします。このとき、その医学的な性別移行を「女性化」と形容するのは、不適切かもしれません。なぜなら本人は、女性のようになりたいわけではなく、自分の「男性的な」身体の特徴に忌避感や違和感、不合感を持ち、どうにか自分の身体や生活を「男性でない状態」に近づけようと格闘しているだけかもしれないからです。

社会的な性別移行となると、さらに事態はややこしくなります。現在、私たちは社会生活上のほぼ全ての場所において、男女どちらかの人間として存在することを求められています。そのため、ある人がノンバイナリー「として」生きられる場所は、ノンバイナリーの当事者コミュニティを含む、ごくわずかな機会に限られます。その結果、生まれたときから続く、勝手な性別の割り当てになんとか抗おうとするノンバイナリーの人の格闘は、不本意な結果に終わることが少なくありません。出生時に割り当てられた「性別」という呪いを解くための社会的な「性別移行」が、今度はただ反対側の性別を新たに押しつけられるだけに終わることがある、ということです。

落ち着いて、考えてみてください。どこでも自分の存在を消され、不名誉で間違った性別のカテゴリーを押しつけられ続ける日々を。自分が誰であるのかを理解するのに長い長い時間を要し、ようやくノンバイナリーとしての自己を発見してからも、逃げ場も行き先も見つからない状態を。

性別を「移行」するにせよ、しないにせよ、与えられて押しつけられた性別との格闘や交渉を続けざるを得ないノンバイナリーの人たちが、たくさんいます。割り当てられた性別からなんとか「脱出」したいけれども、反対側に「移行」したいわけではない、そうした複雑な心境のなか、オセロの盤面を動かせずに立ち尽くしているノンバイナリーの人がいます。

このようなノンバイナリーの人たちの困難は、(ノンバイナリーではない)トランス男性やトランス女性が抱えている困難と、しばしば同じ原因を持っています。つまり、ノンバイナリーを含めた広義のトランスジェンダーの人々の困難は、互いに無関係ではないということです。本書ではこれからも、そうした「重なり合い」の現実に注目していきます。

続く第3章のテーマは、まさにその共通の困難、トランスジェンダーに対する差別についてです。

第3章　差別

皆さんには、トランスジェンダーの知り合いがいますか。

性的マイノリティを指す「LGBT」という言葉の認知は、遅ればせながらもここ数年で進んできたように思います。例えば2021年度から使用されている中学校の教科書のうち、9社17点の教科書にこの言葉は載っています。しかしLGBTのなかの「T」、すなわちトランスジェンダーの人と実際に知り合いであるという人は、非常に少ないのではないでしょうか。それもそのはず、ある日本のデータによれば、トランスジェンダーの知り合いがいる割合は9人に1人にすぎません[*1]（ちなみにこの数字は、英国の調査だと5人に1人程度です）[*2]。もちろん、1人や2人のトランス当事者と会ったことがあるからといって、トランスたちの置かれている社会的な状況が見えてくるとは言えないのですが、それにしても、現在の日本社会を生きていて、トランスジェンダーの人たちのリアリティを知る機会はあまり存在しないと言えるでしょう。

第3章では、全人口の99％以上を占めるシスジェンダーの人々が中心になって作ってきた社会によって、トランスの人たちが苦しめられている現実を見ていきます。皆さんが知らなかった現実が、データを通してたくさん見えてくると思います。ただし、そうしたデータの多くは、読んでいるだけでつらいものになるでしょうから、本章については休み休み読んでください。決して無理はしないようお願いします。

家庭

本書の冒頭から見てきたように、トランスジェンダーの人は非常に数が少なく、その生活や経験が、教育現場やマスメディアを通して正しく伝えられる機会は限られています。そうして、トランスの存在が社会で知られていない、想定されていないことの弊害は、当事者たちの最も身近な生活空間、すなわち家庭に早い段階で出現します。トランスの子どもが最初にぶつかる壁は、ずばり保護者（親）なのです。誰よりも自分を守ってくれるはずの保護者（親）こそが、最初に自分を否定する相手であること。それが、多くのトランスの子どもたちがいまだに置かれている現実です。

トランスジェンダーの子どもたちにとって、最も身近な大人から毎日のように違った性別で扱われ、異性装を強いられる状況はとてもつらいものです。男女ではっきりと服装が分けられる、七五三のような行事で号泣したエピソードを持つ人は多くいます。「お前は女らしくない／男らしくない」といった、否定や侮辱の言葉を保護者（親）から日常的に浴びせられながら育っていく子どもたちも多くいます。あるいはそうした保護者（親）からの非難を避けるために、涙をこらえながら、自分にとって生きづらい性別を無理やり引き受けている子どもたちがいます。[*3]

第1章でも述べましたが、私たちには性別について二つの課題が課せられています。一つ目は、「女の子として／男の子としてこれからずっと生きなさい」という課題。二つ目は、「女の子は女の子らしく／男の子は男の子らしく生きなさい」という課題です。こうした課題に照らすと、先のような状況で保護者（親）から課せられている圧力は、二つ目の「女の子は女の子らしく／男の子は男の子らしくしなさい」という課題のかたちをとっているように見えます。しかしトランスの子どもたちからすると、そうした圧力は「あなた、まさか男の子／女の子になりたいわけじゃないよね？」という一つ目の課題についての尋問のように響くこともあります。そして多くの子どもたちにとって、この一つ目の課題を保護者（親）の面前で放棄することは困難です。そのため、「本当は自分の性別はこれではない」という、トランスジェンダーとしての自覚を持っていたとしても、家庭でカミングアウトをするのは非常に勇気のいる、危険な試みになることがあります。

これはトランスの子どもに限ったことではありませんが、保護者（親）は子どもの生殺与奪を握る存在です。そのためトランスの子どもたちは、ほかでもない自分の家で、最初に自分自身を隠すことを覚えます。「女の子」や「男の子」として自分を育てようとする保護者（親）の期待に応えられないと、シスジェンダーらしく生きるようますます強制されたり、ネグレクトを含む虐待に遭ったりする危険性が高まってしまうからです。

実際のところ、2017年に英国の慈善団体ストーンウォールが871人のトランスとノンバイナリーを対象に実施した調査では、7人に1人（14%）が家族の誰にも自分のジェンダーアイデンティティを開示していませんでした。[*4] ノンバイナリーに限ると、この数字は24%まで上昇します。2010年代にはメディアでトランスの可視化が進んだと言われますが、それでもカミングアウトするのはまだまだ勇気がいることです。

では、勇気を振り絞って家族にカミングアウトしたら、どのような結果が待ち構えているでしょうか。先の調査で、自分のことをトランスだと知っている家族の全員からサポートを得られていると回答したトランスの割合は、わずか4分の1（26％）でした。これが意味するのは、4人中3人には、自分のことをトランスだと知っている敵対的な家族がいるということです。

ここまで読まれた方には想像がつくでしょうが、家庭内暴力を受ける人も非常に多いです。先の調査でも、回答者の4分の1以上に家庭内暴力の被害経験があり、関連しておよそ4人に1人が、ホームレス状態になったことがありました。[*5] のちほど述べるように、職を得られないことも相まって、ホームレス状態になるトランスの人は少なくありません。

学校教育

家庭がトランスジェンダーにとって安全でないのだとしたら、教育の現場も同じです。日本では2015年に文部科学省が「性同一性障害や性的指向・性自認に係る、児童生徒に対するきめ細かな対応等の実施について」を教員向けにまとめ、2022年には「生徒指導提要」も性同一性障害についての記述を明確化するよう改訂されました。しかし、学校の環境そのものを変えるというよりも「困難を抱えた（病気の）子どもへの対応」という色彩が強く、用語の不明瞭さにも課題が残ります。

教育からの排除

日本には、ＬＧＢＴについて学校教育で指導するカリキュラムが存在しません。直近の学習指導要領２０１７年改訂では、「ＬＧＢＴ」の項目を含めるよう運動が展開されましたが、結局盛り込めませんでした。各出版社の判断により、主に保健体育の教科書でＬＧＢＴのことが扱われてはいますが、国の定める指導要領からは漏れているという状況です。[*6]そしてそれ以前に、これらの「多様な性」についての知識の前提となる性教育の状況が、日本は悲惨です。２０００年代はじめには性教育への激しいバッシングが起きましたが、性交渉について中学校で教えることが許されない（いわゆる歯止め規定）など、自分と他者の身体との向き合い方を真摯に伝える性教育は現在も妨げられたままです。その乏しい性教育の内容すら、シスジェンダーの異性愛者を前提としており、多様な性を生きる子どもたちに必要な情報が学校で得られる保証はありません。そもそもの大問題は、学校において包括的性教育がちっともできていないことにあります。

このような性についての教育の欠落は、トランスの当事者や、その周囲の人々のもとにトランスジェンダーについての知識が十分に届かない状況を作りだしています。しかし、問題は知識の有無だけではありません。トランスの子どもたちにとって、学校という場所全体が、自分のような存在を排除・抹消する、苦しい空間になることがあるからです。つまり、自分たちの存在が教育の内容から排除されていることに加えて、教育という場そのものからも、トランスの子どもたちは排除されがちです。

より具体的に見ていきましょう。例えば学校では、名前の呼び方（さん／くん）、制服、更衣室、プール（身体の露出）、音楽の授業、宿泊研修など、過剰とも思えるほど、男女が分けられる機会があります。これは、トランスの子どものアイデンティティが繰り返し否定され続ける恐れがあるということです。生徒の性別によって接し方を変える先生の振舞いも、学校という場を居心地悪くします。会話や作文の際に、一人称に困って自分の話ができなかったというのはトランスの「あるある」エピソードです。

教育現場で行われている厳格な男女分けの実態についてより詳しく想像してもらうために、少し考えてみてください。もし、あなたがこれまで男の子として不都合なく学校で生活できている（できていた）として、明日からいきなり女子生徒として学校に通ってくださいと言われたら、どうしますか。

朝起きて、どのような格好をしますか。ふだん着ている男性用の服を選んだら、学校で笑われてしまうかもしれません。体育のある日は、下着もクラスメートに見られるでしょうから、女の子がメンズ用のボクサーパンツを穿くわけにはいきません。小学校の高学年以上なら、透けない色のブラジャーも必要です。誰と一緒に登校しますか。男友達と一緒に歩いていたら、「君たち付き合っているの？」とからかわれるかもしれません。話すときの一人称も、これまで通りの「オレ」ではいけません。休み時間に誰と行動し、どのトイレに入るかも明確に分けられています。休み時間に男の子の集団は校庭に走っていく人が多いですが、今のあなたは女の子なので、隣席の女の子とプロフィール帳の交換をして休み時間を過ごすほうがよほど自然に見えます。給食の時間にいつも通り早食いをしてお代わりしようとすると、あなた以外に食べ終わった子は男の子ばかりで、あなただけ浮いてしまうかもしれません。あなたはこれまで授業中に先生と会話することもありましたが、女の子としてのあなたが席に座っていると、なぜだか男性の先生は男の子にばかり話題を振っているのだという現実に気づかされます。学校終わりの塾でも、女の子は女の子同士、男の子は男の子同士で近くに座るため、本当の意味で「自由席」ではありません。

……お分かりいただけたでしょうか。教育現場は、実はいかなるときも性別で分けられており、自分がどの性別の人間なのか、絶えず問われ続けています。もし、男女分けがこれほど厳しくない世界なら、今少し体験していただいたように異なる性別で過ごすとしても、こんなにも疲れることはなかったでしょう。しかし、現実は男女分けの規則でいっぱいです。言葉遣いや遊びの内容、交友関係や座る席の場所まで、性別で支配されているのです。

スポーツもまた、はっきり男女で分けられることの多い領域の一つであり、トランスの子どもたちに苦しい経験をもたらすことが多いものです。特に、出生時に男性を割り当てられたトランスの女の子の場合、たとえ女子として完全に生活していたとしても、周りの大人たちから「あなたは男の子だから（ズルい）」とか「女の子に近づくと危険だ」などと言われ、スポーツをする権利そのものを奪われることすらあります。習いごとの入会を拒否されたり、体育の授業中に居場所がなかったり、部活動の大会に出場できなかったりするのです。このように「当然あるべき権利が奪われている」状況は、しかし残念ながらトランスの人たちにとっては幼少期からの日常です。

学齢期の身体の成長

自分の身体の成長についても、悩みは絶えません。周囲と比べたとき、本来同性であるはずの集団から身体的にも社交的にも引き離され続けるという経験は、トランスの子どもたちにとってとてもつらいものです。「女性的な身体」と「男性的な身体」のどちらかに分岐していく身体の変化に、強い違和感を持つ子どもも少なくありません。

もちろん、第二次性徴期における身体の変化に戸惑う経験は、シスにもトランスにもあり得ることでしょう。例えばシス女性のなかにも「生理が来たのは嫌だった」という人がいるでしょうし、むしろ下半身から大量に出血するという体験を喜ばしいこととして受け止めることのほうが難しいかもしれません。シス男性のなかにも、「声変わりが嫌だった」「体毛が濃くなり身体が変わってしまったと感じた」などという人はいます。

けれどもトランスの場合は、単純に身体の変化が好ましくないというだけでなく、それが性別と紐(ひも)づいていることに強い違和感が生じています。生理そのものや体毛そのものに違和感の要因があるのではなく、生理のある「女性の身体」や、体毛が濃い「男性の身体」という、本来は自分のものではないはずの身体の状態へと、自分の身体が勝手に変化していくことへの違和感です。

その違和感の正体は、トランスの人が医学的な治療を始めて望む性別に近づいていく経験を参照すると、よりよく理解できるでしょう。例えば「男性ホルモン投与を始めたことでニキビがたくさんできたのは嫌だが、性別違和は減った」というトランス男性がいたとします。彼にとって、ニキビができることそれ自体は煩わしく嫌なことなのでしょう。しかし「ニキビがよくできるような男性的な身体」に自分が近づいているという事実には、喜びを感じているかもしれません。つまり、ニキビができることが嫌だという点では、彼は思春期を生きる多くのシスの男性と同じですが、その変化が「男性化」という事実と結びつくことによって、シスの男性が感じないタイプの喜びや満足感を彼は感じているのです。そこには違いがあります。

ここまでお話しすれば、第二次性徴期の身体の変化に対する、シスの人々の違和感・嫌悪感と、トランスの人たちが感じる（性別への）違和感とが同じではないことはお分かりいただけるでしょう。先のトランス男性にとっては、生理そのものが嫌だということに加えて、自分の身体が多くの女性と同じような「女性的な身体」へと急速に変化していっている、あるいは周囲の男友達のように「男性的な身体」へ変わっていかないという事実が、つらいものとして経験されていたのです。

こうした違和感は、トランスの子どもたちにとっては受け止めることが難しいものです。「自分のような存在は世界にたった一人かもしれない」という孤独を味わっている子どもも多くいます。なぜそう言えるかというと、子ども時代をそうして孤独に過ごしたトランスの大人たちが、自分たちの過去を語ってきた積み重ねがあるからです。

自分の身体が自分のものとして感じられないというこうした状況は、ただでさえ乏しい性教育の内容すらも、トランスの子どもから遠ざけてしまうことがあります。自分の身体や健康に関わる話として、性教育を受け取ることができないのです。例えば「女性には妊娠する機能があります」という説明を受けても、それを自分の身体に関わる重要な話として受け止められないまま大きくなってしまうトランス男性やノンバイナリーの人がいます。これも、包括的性教育の失敗に由来する大きな弊害です。

いじめ・トランスフォビア

トランスの子どもたちにとって、学校はいじめの危険性と隣り合わせです。英国の慈善団体ストーンウォールが10代を対象に実施した『スクールレポート』によれば、64%のトランスの子ども・若者に学校でいじめられた経験がありました。[*7] いじめを受けた人の約半数（51%）が、いじめを直接の理由に学校を休んだことがあり、57%が学校でのいじめを恐れています。[*8]

ところでトランスの子どもは、しばしば「オカマ」や「おとこおんな」、「ホモ」や「レズ」といったいじめられ方をしています。ようするに、ゲイやレズビアンやバイセクシュアルなど性的指向の少数者への攻撃と、トランスへの攻撃は区別されておらず、「性的におかしなやつ」という同じような認識のもとでいじめに遭うことが多いのです。

一般に「LGBT」というと、LGBは性的指向のマイノリティであり、Tは出生時に割り当てられた性別と性自認（ジェンダーアイデンティティ）が異なるという状況がマイノリティである、[*9] だからLGBとTは別ものだ、と言われることがあります。確かにその通りではあるのですが、しかし「LGBT」の子どもたちが、実は同じような理由で、同じようないじめを学校で受けている（あるいは学校の外でもそういった差別を受ける）ことは忘れてはなりません。

加えて、この時期のトランスの子どもは、性に関してマイノリティである自分の経験が何に由来するのか、悩んでいることがあります。自分がトランスジェンダーなのか、ゲイやレズビアン、バイセクシュアル、はたまたAセクシュアルなのか区別がつかない、あるいはそうした言葉をそもそも知らない子どもも多くいます。

そうして、自分の状況を分かりやすく伝える手段を持たないLGBTの子ども、そしてLGBTかもしれない子どもは、学校でいじめられても大人に助けを求められない傾向にあります。自分がいじめられている事実を恥ずかしいと感じるだけでなく、自分の性的指向やアイデンティティを他者に伝えなければならないため、いっそう負担が大きくなってしまうからです。いじめの相談をきっかけに、「あなたは本当は『オカマ』じゃないのにね」などと保護者（親）から慰められているトランスの子どもの気持ちを、どうか想像してください。

先のストーンウォール調査では、トランスの若者のうち、52%が「学校は楽しくない」と回答し、同じく52%が「学校は自分の居場所ではない」と感じていました。[*10] 実際、3人に1人は自分自身の望む名前を使うことが許されず、58%は快適ではないトイレの使用を強制されています。[*11] 後者は、トイレを我慢するためだけに水分を控えたり、排泄を我慢したりする子どもが多くいることを意味します。このように学校に居場所のない子どもたちは、インターネットを情報源にすることがありますが、オンライン上のホモフォビアやトランスフォビアも酷いものです。[*12]

ここで紹介したさまざまな要因が、トランスにとっての学校を苦しい場所にしています。問題を作りだしているのはシスジェンダー中心の社会であり、学校現場の抱えるこうした問題は、シスジェンダーの責任としてすぐにでも解消されなければなりません。これは命の問題です。

就労

続いて、就労にまつわる差別を見ていきましょう。ここでは、就職活動と就職後に分けてお話しします。

就職活動の困難

まずは、仕事に就くまでの困難について。多くのトランスの人にとって、性別二元論で埋め尽くされている就活の情報は、見るだけで吐き気をもよおすものです。その筆頭は、リクルートスーツと履歴書です。その二つが揃えられなければ就活のスタートラインに立つことすらできませんが、その二つを社会の期待通りに揃えるのは、トランスの人たちにとってはときに非常に困難です。トランスの人々は、業務遂行能力に関係のないこうした事情によって、仕事に就くことを妨げられることがあるのです。

しかし、疑問に思う人もいるかもしれません。「トランス男性ならメンズスーツで／トランス女性ならレディーススーツで就職すればいいのでは？」あるいは「就活までに戸籍を変えれば、トランスジェンダーだとバレることなく、問題なく就職活動できるのでは？」という疑問です。

なるほど、それができたらよいのかもしれません。しかしまずは、トランスジェンダーのリアルを考えてほしいのです（ただ、ノンバイナリーの人が女性／男性扱いされずに就活するにはどうしたらいいのか、ということも同時に問いたいところです）。

実際には、就活を始める高校卒業時点、あるいは大学卒業時点までに、特例法の全ての要件を満たして戸籍の性別変更を終わらせることはほぼ不可能に近いです。第5章で扱うように、戸籍の性別を変えるには医師の診断や性別適合手術（ＳＲＳ）を受けることが条件ですが、その前提として継続的なホルモン投与や、望む性別で一定期間の社会生活を送ることなどが求められています。これらには、高額の費用負担だけでなく時間もかかります。非常に若い時期からトランスだと自覚し、(第2章・4章で見るような)医学的治療を終え、社会的な性別も移行しておかなければ、その条件を満たすことはできません。

トランスの人たちのなかには、それでもこの条件をなんとかクリアして戸籍を変えてからでないと(トランスジェンダーだとバレずに)就職できないからと、大学を休学して卒業を引き伸ばしたり、ほかのことを犠牲にしてバイトに明け暮れ、手術代を稼いだりしている人がいます。確かに、相当の努力をして就活までに戸籍変更を終えられることは、立派なことかもしれません。しかし、そもそもシスジェンダーの人なら全く気にしなくていいような、就活における証明書の性別欄に人生を左右され、性別移行のペースまで急ぐ必要がある、そうしなければ雇用において差別されるという現在の状況は、いずれにしろ制度の欠陥というほかありません。

これとは逆に、履歴書に戸籍とは異なる、自分自身の性別を書いたとしましょう。性別移行をしているトランスの人は、すでに戸籍上の性別と外見が違う状態になっていることが珍しくありませんから、もはや「戸籍だけが間違っている」状態の人もいます。そこで自身の生活やジェンダーアイデンティティに沿った性別を書くことは、一見すると何の問題もない行為に思えます。面接まで進んでもトランスジェンダーだと気づかれないケースも、きっとあるでしょう。

しかし、そうして住民票や戸籍の性別とは異なる性別を申告したことで、被雇用者のトランスジェンダーは解雇されることがあります。あるケースでは、採用試験の際に行われた「性格診断テスト」の性別記載欄に「男」と記入したトランス男性の行為について、嘘をついたとして入社日に「採用取消し」（解雇）が通告されました。[*13] こうしたケースは、トランスジェンダーの状況を踏まえると合理的理由を欠いており、解雇は無効であると判断される可能性ももちろんあります。とはいえ、トランス側が心身をすり減らさなければならない状況であるのは間違いないことです。実際のところ、戸籍の性別とは異なる性別で生きているトランスジェンダーの人で、転職活動の初期だけは「男性のふり」や「女性のふり」をして書類を送り、採用面接時にカミングアウトをして秘密を守ってくれるよう頭を下げている人は少なくありません。

残念ながら、トランスジェンダーであることを知られた時点で、就職面接を打ち切られたりすることもあります。それどころか、大学のキャリアセンターやハローワークで就職相談をしても「あなたに紹介する仕事はない」と言われて門前払いされることさえあります。[*14] 日本で2022年に実施されたReBitの調査[*15]では、1年以内に就職・転職をしたトラ

就活時の困難

（「トランスジェンダー」選考時のカミングアウトの有無と、性別違和による困難等経験の関連（複数回答））

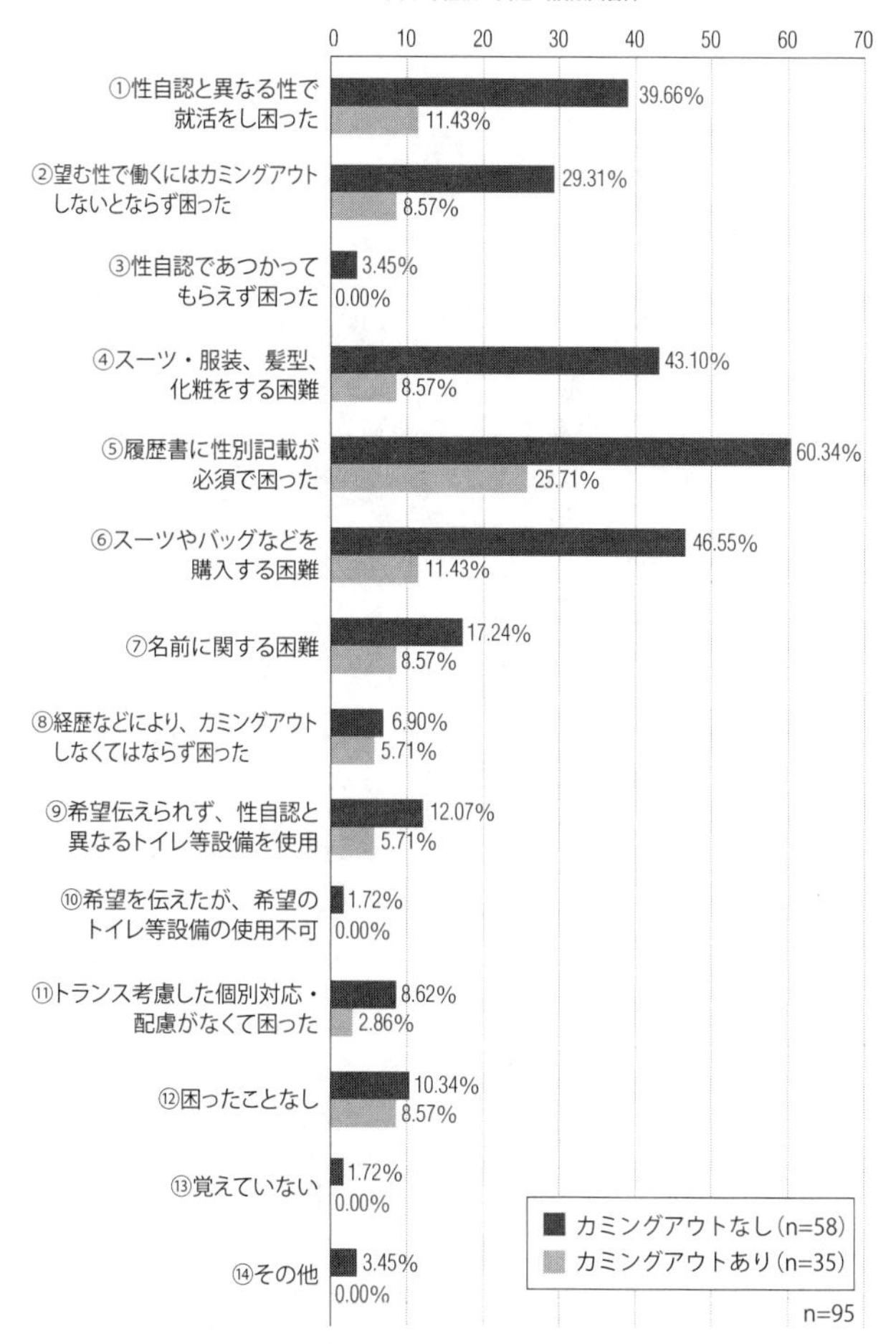

出典：「調査報告_20190207 報告会抜粋LGBTや性的マイノリティの就職活動における経験と就労支援の現状」（認定特定非営利活動法人 ReBit）

ンスの若者の75・6%が採用選考時に困難やハラスメントを経験したとされています。信じられないかもしれませんが、これがトランスジェンダーのリアルです。

加えて、先に述べたようにトランスの人々は学校にうまくなじめず、極端に成績が悪かったり、早い段階で学歴社会からドロップアウトしたりしていることも珍しくありません。すると、そのように「低学歴」と見なされる状況が、就活のときに不利に働くこともあります。ここには、教育からの排除と就労からの排除が連動する、構造的な問題があります。

就職後の困難

運良く就職できたとしましょう。しかしトランスジェンダーには相変わらず困難が待ち受けています。例えば、職場ではどのような服装で過ごすべきでしょうか。トランスの人々は、性別と強く結びつけられた外見や服装の面で、トラブルに巻き込まれることがあります。「髪を伸ばすな」「化粧しろ」「ヒールを履け」……。誰にとっても煩わしいジェンダー規範が、トランスの人々に対してはとりわけ有害なものになります。女性への性別移行を見据えて髪を伸ばしたことで、上司から叱責を受ける。今日もどこかで、トランス女性がそうした悩みを抱えています。

アウティングのリスクもあります。アウティングとは、ある人のセクシュアリティ（性のあり方）にまつわることを、同意なく他者に広めてしまうことです。２０２０年には厚生労働省が「労働施策総合推進法（パワハラ防止法）」で、アウティングをパワハラの一種と定めました。[*16] しかし被雇用者の立場が弱く、ＬＧＢＴについての基礎知識すら十分に社会に普及していない現状では、パワハラ防止法にＳＯＧＩハラスメント（性的指向や性自認に関する侮辱的行為）やアウティングの項目が入ったとしても、トランスの労働者の安全が守られる環境はまだまだ少ないと言わざるを得ないでしょう。

特にトランスの場合、カミングアウトしたいわけではなくても、外見で周囲にトランスだと認識されたり、戸籍上の名前や性別を知られたりして、個人情報をコントロールできないことがあります。戸籍の情報を知られるのを避けるために、あえて雇用保険や社会保険の適用とならない短時間労働だけをかけ持ちするトランスの人もいます。このように、他者にアウティングされてしまうリスクに加え、自分の存在そのものが望まないカミングアウトになってしまうのを恐れて、就労に困難を抱える人が多いのです。

職場でアウティングされた件では裁判事例[*17]もあります。大阪市で看護師をしていた原告は、「元男性」だとアウティングされたことで、女性更衣室を使うことを「気持ち悪い」

と言われたり、体を見せるよう要求されたりしました。戸籍変更してもなお、第三者に勝手にプライベートな事情を暴かれ、貶められ、彼女が飛び降り自殺を図ったことの意味がほんの少しでもお分かりいただけますか？

逆に、職場でトランスだと知られたあと、謎の「配慮」がされることもあります。ありがちなのは、「多目的トイレがありますよ」といった配慮です。知っておいてほしいのは、その人にとって必要な状況は、あくまで人それぞれであるということです。日常的に男性用を使っているトランス男性、女性用を使っているトランス女性からすれば、多目的トイレの提案はふだん問題なく使用しているトイレから追いだされ、隔離されるように聞こえるかもしれません。もちろん、いろいろな考えをめぐらせた末に、日常的に多目的トイレだけを使っているトランスジェンダーの人もいます。繰り返しますが、状況は人それぞれなのです。

なお、雇用者側がトランスジェンダーのトイレ使用を制限したことについては、裁判事例[*18]もあります。その裁判では、経済産業省に勤めるトランス女性が原告となり、「なかなか手術を受けないんだったら、男に戻ってはどうか」という上司の発言に加えて、一部のフロアの女性用トイレの使用を雇用者側が恣意的に禁止していることが問題視されました。

地裁判決では、こうしたトイレ使用の制限は不適切とされましたが、2021年5月の東京高裁では判断が覆りました。はたして、たった1文字の戸籍の表記や、ほかの女性職員の性的不安という架空の対立利益を理由に、ふだん女性として生活しているトランス女性を一部のトイレから締めだすことに何の意味があるのでしょうか。職場での差別を、残念ながら高裁判決が後押しするかたちです。

在職トランス（職場にいながら性別移行することや、そうする人）は、茨の道です。どうか想像してください。これから職場の同僚が性別移行するとなったとき、あなたは同僚の安全を守れますか？　性別移行は、一瞬では終わりません。少しずつ、本人のペースで、移行は進んでいくでしょう。その長い道のりを、あなたは偏見や差別のまなざしを持たず尊重し、見届ける自信がありますか？　あるいは、同僚が過去に性別移行を経験していたと後から知ったとして、その事実を勝手に誰かに言いふらさずに、これまで通り同僚と接することができますか？

「LGBTフレンドリー」を掲げる企業でも、いじめや噂（うわさ）の標的になったという声はあります。それ以前に、職場でLGBT施策を実施するような大企業に勤めるトランスの人は極めて数が少ないため、一部の大企業で「ダイバーシティ&インクルージョン」が進むだけでは、トランスコミュニティ全体への利益はほんのわずかなものです。中小企業も含めて職場から差別がなくなるためには、第5章で見るような差別禁止法が必要です。それがなければ、いくら「理解増進」が進んでも、ほとんどの当事者には意味がありません。

トランスが働くこと

こうした職場での対応だけでなく、そもそもトランスの人が仕事をする、仕事を続けるということには、特有の困難が伴います。代表例をいくつか紹介しましょう。

第一に、性別移行には大金が必要になることが多いですから、トランスたちは働いてお金を稼ぐ必要があります。しかし、性別移行をすっかり完了していないと、前述のような差別的対応を受けたり、就職活動で大きなハードルを課せられたりしてしまうことになります。外見が男女どっちか分からない、性別欄と外見が食い違っている、などと判断されると、就職や就労から排除される可能性が高まるのです。なかには、「トランスジェンダーは前例がないから」という理由だけで採用を断る雇用主もいます。

ここにはパラドックスがあります。お金がないと社会に受け入れられやすい外見や身分証を手に入れられないのに、そのお金を稼ぐために、社会に受け入れられやすい外見や身分証が必要になるのです。

第二に、トランスの労働者のなかには、地道にジェンダークリニックに通って診断を得たり、2週間または1カ月に一度ほどホルモン注射に通ったりする人がいます。しかしジェンダークリニックの数は少なく、特に地方に住んでいる場合は、そうした場所にアクセスするために有給休暇を使う必要も生まれます。手術をする場合は、中期〜長期の休職も不可欠になります。多くのトランスの労働者がそれを機に離職し、キャリア形成を大きく見直すことを強いられています。先ほど「在職トランス」という言葉を紹介しましたが、こうした医学的／社会的移行を経験するトランスジェンダーにとって、同じ場所で働き続けるというのは非常に困難なことなのです。

第三に、女性差別との関係も無視できません。トランスジェンダーの女性だけでなく、トランス男性やノンバイナリーも「女性」と見なされれば女性差別を受けることがありますから、性差別の解消はトランスコミュニティ全体にとっての問題でもあります。ジェンダーアイデンティティは本人を形成する大事な要素ですが、社会的な性差の構造のどこに位置づけられるかは、本人にはコントロールしようがないのです。

女性差別がトランス差別と重なり合うとき、深刻な加害が発生します。そうした重複をよく表す例が、ピクシブ社で働くトランス女性が男性上司からセクハラを受けたケースです。[*19] これは裁判の提起を通じて世に知られることになり、すでにピクシブ社とは和解が成立しましたが、上司とは2023年現在も原告が裁判を続けています。この上司は、その女性に対するセクハラ発言を繰り返したほか、女性の陰部に顔をうずめるなどの暴行を働いたとされています。ほかの女性被害者と共に、社内でこの上司のセクハラが問題化された際に設けられた形式的な謝罪の場においてすら、原告のトランス女性に対し「男だから平気だと思った」「これからはお前を一人の女性として見る」などといった全く反省のない発言をしています。

ここで重要なのは、このハラスメント・暴行の加害者は、被害者のトランス女性を「本当は女性ではないのだろう」と言い張りながら、同時にその女性をミソジニー（女性蔑視）に満ちた仕方で扱っているということです。ここには、女性差別とトランス差別が重複し、加速度的に悪化している状況があります。なお、こうした特有の差別行為や蔑視・憎悪には、トランスフェミニストであるジュリア・セラーノによって「トランスミソジニー」という名前が与えられています。[*20]

職種

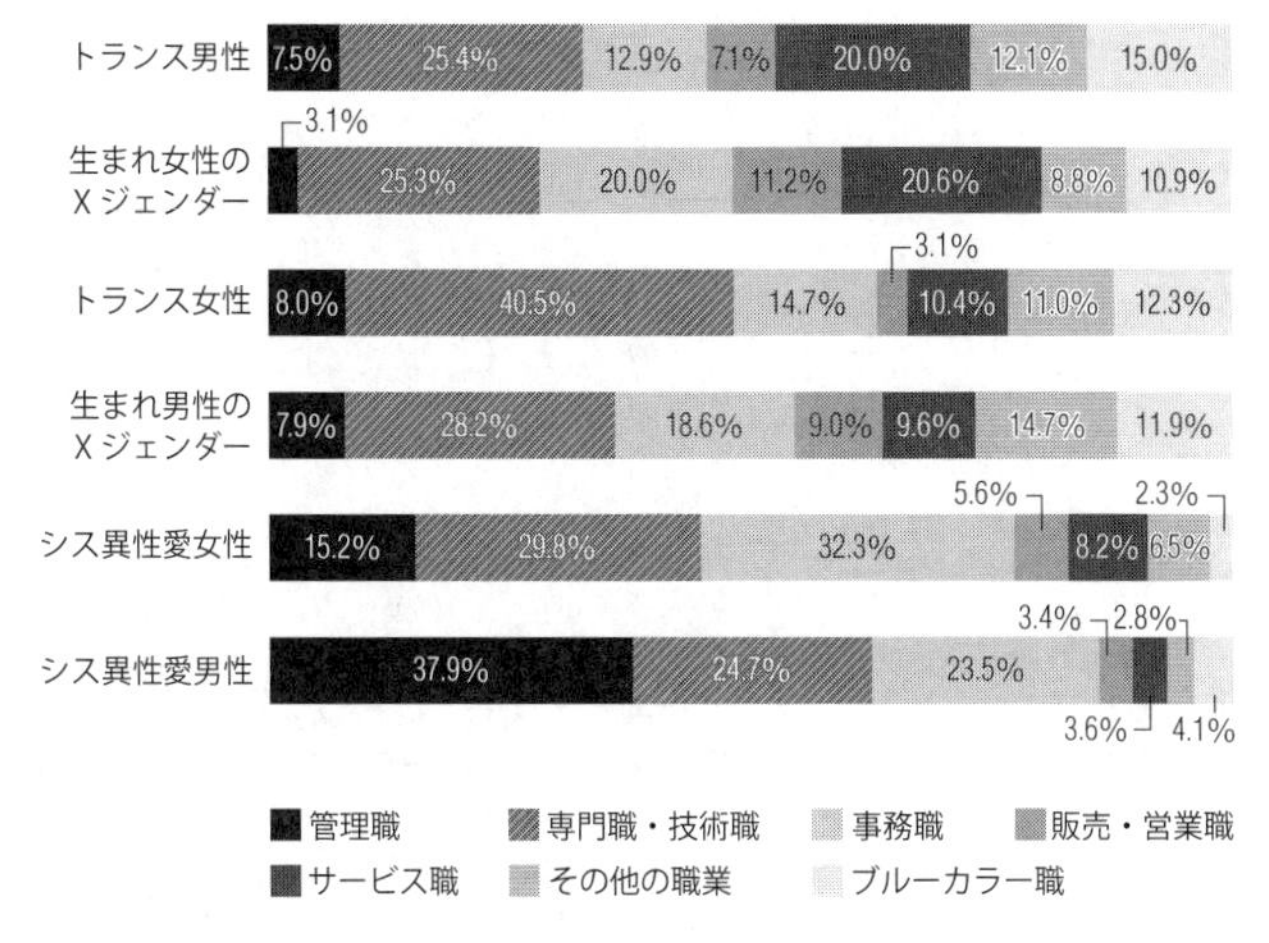

出典：『職場のLGBT白書「やるべき事は、まだまだある〜深刻なハラスメントと変化の兆し〜」アンケート調査 niji VOICE 2018,2019,2020 に寄せられた 7162名の声から』（認定 NPO 法人虹色ダイバーシティ編）

トランスジェンダーの職業

以上のような就労現場での差別が根強くあるため、トランスの人が働く労働現場・職種には特有の傾向があることが知られています。その代表は、男女ではっきり分けられてしまう企業勤めを避け、性別によって制服に違いがない現場を選んだり、独立して働いたりする傾向です。日本で行われた虹色ダイバーシティの調査*21によると、職種の傾向として、トランス男性はほかの人々に比べてサービス職やブルーカラー職に就いている割合が顕著に高く、トランス女性は専門職・技術職に就いている割合（40・5％）が非常に高いことが分かりました。また、シス異性愛男性では管理職の割合（37・9％）が、シス異性愛女性では事務職に就く割合（32・3％）が最も高いことが分かりました。

業種という点では、トランスの人はシスの人よりもセックスワークに従事する人が多いことを付け加える必要があります。歴史的に、「性が逸脱している」と見なされた人々が働ける場所としてセックスワークや広義の風俗業がそのほとんど唯一の選択肢に近かった時代があり、[*22] そうしたセックスワークの現場は、ほんの1％にも満たないトランスジェンダー当事者が、自分以外のトランスジェンダーに初めて出会う場所にもなってきました。現在でも、そうしたセックスワークの現場で性別移行についての知識を教わったという人たちは存在します。

しかし、家を失って都会に出てきて、お金も住居もない状態でセックスワークをしているトランスたちは、労働者としては極めて弱い立場に置かれがちです。そこではトランスであることのつらさだけでなく、セックスワーカーとしての立場の弱さ、交渉力の剝奪を、マイノリティの経験として追加で味わうことがあります。コロナ禍では、性風俗事業者が給付金の支給から外されるという、国家による露骨な職業差別がありましたが、そうして差別を受け、もらえるはずだった給付金を奪われた人々のなかには、トランスの人々もいました。こうした職業差別は一刻も早く是正されるべきであり、トランスだけでないセックスワーカーが労働者として当たり前の権利と交渉力を獲得し、安全に仕事を続けたり辞めたりできる環境を作ることは、セックスワーカーのみならず全ての人の経済的な困窮を解決することと合わせて急務です。

その一方で、トランスとしてセックスワークをすることには特有の困難もあります。例えば、早く手術をしたくて働いているトランス女性がいたとしても、顧客側は「手術をしないままの身体がいい」と望んだり、男性として扱われたいトランス男性が、顧客の需要に合わせるため「女性」としてミスジェンダリング（誤った性別で扱い続けること）されたまま働いたり、という実態があります。たとえセックスワークという仕事の安全性が保たれるようになったとしても、そこで求められる内容や価値観がシスジェンダー（で、ヘテロセクシュアルな男性）中心であり続けるなら、本当の意味でトランスのセックスワーカーの尊厳が守られているとは言えません。

労働全般の話に戻すと、労働の場で苦しめられる人がいるのは、トランスだけの問題ではありません。日本のトランスジェンダーの人は実に4割以上が非正規雇用ですが、[*23] トランスが雇用で差別を受け、弱い立場に置かれやすいのは、労働者の権利保障がなされないなど、そもそも社会全体にさまざまな問題があり、それがマイノリティであるトランスジェンダーに過集中しているからです。だからこそ、同じように現在の労働市場で脆弱さを押しつけられがちな、トランスではない人々とも、トランスジェンダーたちは連帯することができるはずです。

貧困

次は経済状況についてです。繰り返し見てきたように、自身のジェンダーに適合的な身体や生活を手にするには多額の費用が必要である一方で就労に困難があるなど、トランスはシスより圧倒的に貧困になりやすいことが知られています。日本で虹色ダイバーシティが実施した2020年の調査[*24]によると、トランスジェンダーの人のうち直近1年間で預金残高が1万円を切った人は3割を超えていました。トランス女性に限るとその数値は45%ほどにもなります。同調査では、仕事をしていないシスは5・7%でしたが、トランスはその3倍以上、17・3%でした。

2万7000人以上のトランスジェンダーが参加した、米国の大規模なオンライン調査[25]も見てみましょう。調査が依拠する定義によると、米国の一般人口で貧困を生きている人は12％ですが、トランスではその割合は29％に上ります。その深刻な原因は失業率の高さにあり、同調査ではトランスの失業率はシスの約3倍（15％）でした。日本と同じ傾向です。

低収入は住まいに直結します。先の米国の調査では、自分の家を持っている（home-ownership がある）人の割合は、一般人口63％に対し、トランスではたった16％でした。回答したトランスの人の30％が、人生のどこかの時点でホームレス状態を経験しています。調査前年の1年間に限っても、自身がトランスジェンダーであるためホームレス状態になったことのある回答者が12％に上ります。

ホームレス状態になったら、いったい誰を頼ればいいのでしょうか。ここでもトランスたちは追い込まれることがあります。シスの人なら助けを得られるかもしれない相手から、さらなる差別を受けることがあるからです。例えば先の米国の調査では、過去1年間にシェルターに滞在したことのある人の70％が、トランスジェンダーであることを理由としたた虐待をシェルター内で受けていました。具体的には、ハラスメント、身体的な暴力や性的暴力、強制退去などです。[*26]

同じ米国の調査から明らかになったのは、警察や役人も中立な権力ではないということです。自分をトランスジェンダーだと知っている警察官や役人から過去1年間に何らかの虐待を受けたトランスの割合は58％にも上ります。半数以上が虐待されるという、恐るべき事態です。そこには言葉によるハラスメント、正しくないジェンダーで繰り返し呼ばれるミスジェンダリング、身体的暴力、性暴力、さらには「逮捕されたくなければ性交渉をしろ」という要求までありました。[*27]

このように、トランスの貧困は複合的な問題と隣り合わせです。仕事や住まいの欠如、シェルターなどの支援サービスからの排除、警察からの暴力など、さまざまな要因がトランスたちの困難な現実を作りだしています。

メディア～表象と報道～

トランスたちがこうした困難を生きさせられる理由の一つは、トランスの存在が社会で正しく知られていないことにあります。トランスジェンダーが偏見に満ちた扱いをされ、暴力のターゲットにされがちな背景には、メディアの役割も大きく関わっているのです。
ここでは、ドキュメンタリー『トランスジェンダーとハリウッド：過去、現在、そして』（原題：Disclosure）をヒントに、トランスジェンダーに関連する昔の映像作品の描写がどれほど酷かったか、そのダメなパターンを、ハリウッド映画に限らず見ていきましょう。ちなみにこの『トランスジェンダーとハリウッド』は、主に映像作品に関わってきたトランスの有名人たちが、「あのシーンは良くなかったね」とたくさんの過去作品をふりかえってダメ出しする構成になっており、非常に勉強になるのでオススメです。

〈トランスのダメな表象〉

・いつも殺人犯や恐るべき狂人として描かれる。例：『サイコ』『羊たちの沈黙』『ベッスリアの女王』『テラー・トレイン』
・サスペンスではいつも殺される。
・男性と見なされている人物が「女装」をするのは、ばかにしてもいい。
・男性と見なされている俳優が一時的に「女装」して演技をすることで、トランス女性は男性であるという誤ったイメージを強化する。例：『ダラス・バイヤーズクラブ』『狼たちの午後』『リリーのすべて』『彼らが本気で編むときは、』
・トランスの身体はばかにしてもいい。特にトランス女性の身体は吐き気の対象となる。例：『クライング・ゲーム』『エース・ベンチュラ』
・医学的な性別移行をしたせいで死ぬ。例：『ミッドナイトスワン』
・トランスだとカミングアウトしていないことで、他者を騙す詐欺師として描かれる。シス側は、騙されたとして被害者ヅラをする。
・トランス女性はセックスワーカーの役ばかりで、人としての全体像が描かれない。
・トランス男性がほかの男性に恋をすると、最後には「女」に戻る。
・「性別を変える」のは、職業面で有利だからという設定がある。
・トランスだから愛されないのだ、というメッセージばかり発する。
・有色人種とトランスが同じ作品で描かれることは滅多になく、有色人種かつトランスの人に対する人種差別も助長する。

要約すると、映画界にはトランスジェンダーを非人間化してきた恥ずべき歴史があるということです。こうした状況は、今後の映像作品ですみやかに変えていく必要があります。

ちなみに『トランスジェンダーとハリウッド』には、これほど酷い描写のなかにも「そこに自分がいる！」と自己投影してきたトランスたちが登場しています。その困難な人生は涙ぐましいほどです。映像作品の視聴者には当然のことながらトランスの人もいますから、肯定的な表象が増えていくことが切に望まれます。[*28]

メディアの問題は、フィクションや映像作品に限られません。次はマスメディアによるトランスの伝え方、描写に含まれた問題を見ていきます。

〈トランスのダメな報道・描写・メディアでの扱い〉

・いつまでも「性転換手術」などの古い表現を使う。
・トランス女性や、それと似た境遇の人に、男性的な声を出させたり、昔の名前で呼んだりして嘲笑する。例：はるな愛さん
・特別なセンスの持ち主としてしか登場させない。例：ＩＫＫＯさん
・化粧しているシーンをやたら映したがる。
・手術したかどうかなど、極めてプライベートな話を聞きたがる。
・困っている可哀（かわい）そうな人か、社会を困らせている迷惑な人としてだけ報じる。

・「社会がその人たちを困らせている」という視点が欠如している。
・右派の新聞や宗教保守団体による、明確に悪意ある報道も存在する。
・良心的な記者がトランスジェンダーについて報じようとしても、「読者がついてこない」という理由でデスクが止める。あるいは「分かりやすさ」重視で不正確な表現や表層的な内容に書き換えさせられる。
・一般受けする「可哀そうなマイノリティ」をやらないと、自分たちのことを伝える機会を与えられない。たまにトランスの人がまじめに政治的な話をしても、柔らかいイメージに修正されてしまう。

こうした悪影響が出る原因として、いったい誰がメディア内で権力を持っているのかを問う必要があります。決定権を持ち、トランスに対する不正確な印象へと視聴者を導いているのは、多くはシスジェンダーでヘテロセクシュアルの男性たちです。皆さんのなかには、女性用スペースやフェミニズム（女性運動）の話題で「トランス女性の扱いをどうするか、シス女性が困っている」という情報を目にしたことのある人もいるかもしれませんが、実際は多くのデータで、女性のほうが男性よりもトランスに親和的です[*29]。つまりトランスの表象に大きな影響を与えている根っこの問題は、一部の男性に権力が偏っているという、シスジェンダー側の権力勾配の問題と言えます。まず解消されるべきは、メディア内部でのセクシズム（性差別）やトランスフォビアなのです。

最近では、このように捏造（ねつぞう）されたトランスジェンダー像ではなく、自分たちの姿を正しく社会に届けるための機会を手にしたトランスの当事者も増えてきたように思われるかもしれません。それ自体は、確かに喜ばしいことでしょう。しかし、そうしてメディアに登場することができるのは、結局はメディア（と一般社会）にとって口当たりの良い、きちんとした印象の人だけです。例えば「利口な人」でない、貧困である、社会的地位の高い職業に就いていない、法制度に苦しんでいる、政治的な主張をしている、といったトランスの人が、メディアで可視化されることはあまりありません。単にトランス当事者がメディアに登場するだけでは、問題は解決しないのです。

さて、メディアによる差別を考えてきた最後に、少しだけお伝えしにくいことも告げます。この本を読んでくださっている皆さんは、なぜこの本を手に取ったのでしょう？　トランスジェンダーについて知りたいけれど、分かりやすくまとまった文章がない、と思っていたからではありませんか？

書き手である私たちは、そのことを知っています。シスの人でも分かるような、読みやすく、整頓された文章を書けば、みんな読んでくれると信じています。だから、私たちはこの本を書きました。しかし同時に、私たちは知っています。こうして分かりやすく平易にまとめた文章ではない、トランスたちの雑多でカラフルで、苦痛に満ちたリアルな声は、やっぱり無視されるのだと、知っています。あなたのもとに届いている「トランスの声」には、すでに偏りがあります。この本を書く私たちは、そのことも知っておいてほしいと願っています。

メンタルヘルス

次に扱うのは、精神面の健康についてです。ここまで述べてきたさまざまな背景や、厳しい社会的現実によって、トランスの人々のメンタルヘルスは不調に陥りやすい状況にあります。どうにか家庭生活を送ったり就職できたりしても、職場で差別を受けてメンタルヘルスの調子を崩し、職を失うこともあります。それがさらなる困難を課し、ますますメンタルヘルスが悪化したり、就業がより困難になったりすることもあります。ここにも、一種の悪循環があります。
特にトランス女性の場合、はっきりとうつ病だと答える人が3人に1人を上回るほど、メンタルヘルスの状況が深刻です。[*30] 虹色ダイバーシティによる別の調査[*31]でも20％のトランスジェンダーがうつ病であり、11・2％が適応障害・パニック障害という結果であり、いずれもシスヘテロの3倍以上の数字です。5年ほど前に行われたオーストラリアの調査でも、回答者であるトランスの人の7割以上にうつ病の診断を受けた経験がありました。[*32]
職場の差別がきっかけでうつ病を発症する人は、後を絶ちません。2022年11月にも、神奈川県のトランス女性が職場で「SOGIハラスメント」を受け、それが理由でうつ病を発症したと認定されました。[*33] このケースでは、その人がトランスジェンダーであり女性であることを知っていながら、上司は彼女を「彼」や「くん」づけで呼び続けました。このように誤った性別で扱い続けることをミスジェンダリングと呼びますが、ミスジェンダリングはその人の存在そのものを否定する悪質な差別行為です。トランスの人々に対して「ここに居てはいけない」「あなたは存在に値しない」というメッセージを伝えることと同じですから、メンタルヘルスが大きく悪化するのも当然です。それは絶対に許されない行為なのです。

傷ついたメンタルヘルスを回復させるためには、医療者の力を借りることも必要です。しかしトランスたちはヘルスケアを受けるための病院やクリニックでも差別を受けることがあります。詳細は第4章で紹介しますが、自分をケアしてくれるはずの医療者たちから差別や暴力を受けることを恐れているトランスの人は少なくありません。

性暴力

トランスジェンダーに対する差別は、性暴力と切り離せません。望まない・同意のない性的な行為や発言、つまり性暴力被害は、残念ながらよく起こっています。

米国で2015年に行われた大規模なトランスジェンダーの調査*[34]（有効回答2万7715人）でも、実にその47％に、性暴力被害を受けた経験がありました。直近12カ月以内でも10％が被害を受けています。

2018年に実施されたオーストラリアの調査*[35]でも、回答したトランスの人の53％に性暴力被害の経験があり、しかも被害者の約7割が、そうした性暴力を複数回経験しています。

性暴力を受けたトランスジェンダーにとって、警察を頼ることはしばしば容易ではありません。すでに紹介した通り、米国の大規模調査では直近1年間でも、半数以上の人に警察や役人から虐待的な扱いを受けた経験がありました。また、実に57%が、何らかの被害を受けたとしても警察を呼びたくないと考えています。悲しいことに、これはトランスたちの合理的選択の結果です。

他方で、性暴力被害者のための支援サービスを提供している場所がトランスの人たちにとって安全でないということも、しばしばあり得ることです。性暴力被害者の支援を行っている機関や支援者は、トランスの人たちが性暴力を経験しやすいというこの事実を、まずは知っておく必要があります。そして、自分たちの支援サービスにトランスの被害者が訪れることを、現実的な可能性として想定する必要もあるでしょう。性暴力被害を受けて、なんとか繋(つな)がった支援のサービスの現場でさえ「いるはずのない存在」として扱われることは、人をさらに深く傷つけます。

他殺と自殺、物理的暴力

本章ではすでに家庭内暴力について取り上げましたが、トランスが暴力を被るのは家庭内だけではありません。視線や距離感による暴力もあれば、物理的な暴力もあります。

トランスはシスに比べて、よく殺されています。TGEU（トランスジェンダーヨーロッパ）の調査で判明しているだけでも、2022年には327人ものトランスや多様なジェンダーの人々が殺されました。[*36] そのうち、トランス女性やフェミニンな人の割合は95%、職業が分かっている人のなかで半数がセックスワーカーでした。また、人種的な特徴が理由になったとされる被害も65%を占めました。

ここに指摘できるのは、トランスの人々の内部にも差があることです。女性や女性的な人々、有色人種、移民、セックスワーカーなどに対する差別が、トランスジェンダーであることと重なり合うことで、とりわけ暴力を被りやすい人がいるのです。こうした人々は社会的に権利を剝奪されているマイノリティであるにもかかわらず、属性だけを見て一方的に危険人物と見なされたり、スティグマ（烙印（らくいん））を押されたりしており、そうした誤った認識に基づく深刻な暴力のターゲットにされています。ちなみに毎年11月20日は、トランスフォビアを理由に殺されたトランスたちを偲（しの）ぶ「トランスジェンダー追悼の日」です。

他殺率だけでなく、トランスの自殺率も本当は非常に高いはずです。しかしその正確な実態は、データからは見えてきません。というのも、とても多くのトランスジェンダーの人がトランスであることを大きな理由に自死しているにもかかわらず、統計上はただ法的な登録のみに基づいて「女」や「男」が死んだことにされるからです。そのため、トランスジェンダーの自殺の実態を知ることは困難です。

しかし自殺未遂というかたちで生き残った人のデータを見れば、シスよりも圧倒的に多くの人々が自死に近いところにいる現実が見えてきます。少しショッキングな数字ですが、日本、英国、米国、オーストラリアの調査を順に見ていきます。

ジェンダークリニックを受診したトランスジェンダーに限定した日本のデータ（2010年公表）によれば、[*37] 自殺念慮を経験したことのある割合は、トランス女性MtFで71・2％、トランス男性FtMで57・1％でした。自殺未遂の経験率は、トランス女性では14・0％、トランス男性では9・1％でした。

より最近の調査では、トランスの人とシスの人、合計1万4553人を対象とした日本財団自殺意識全国調査があります。この調査には、トランスジェンダーやノンバイナリー・その他の回答者が1486人含まれていました。調査結果によれば、「トランスジェンダー・ノンバイナリー・その他」の人のうち、自殺を図ったり遺書を書くなどしたことのある人（自殺未遂・自殺準備経験あり）の割合は40・6％に上りました。なお回答者全体でも、この割合は19・1%になります。[38]

他方、2017年に就学年齢のトランスの若者を対象に英国の慈善団体ストーンウォールが実施した調査[39]によれば、衝撃的なことに92%のトランスの若者が自殺を考えたことがあり、全体の45%に自殺未遂の経験がありました。

2万7000人以上のトランスの成人を対象とした2015年の米国の調査[40]でも、トランスの40%に自殺未遂の過去がありました。同じ数字は米国の一般人口で4・6%ですから、約8倍から9倍です。この調査では、調査回答の直近1カ月に限定しても、深刻な心理的苦痛を経験したトランスが39%に上りました。この数値も、一般人口の約8倍です。

オーストラリアで2017年から18年にかけて実施され、928人のトランスジェンダーが回答した調査[41]でも、同様の結果が出ています。回答者のうち自傷行為の経験がある人は63%、そして43%に自殺未遂の経験がありました。

悲惨な数字ばかり並んでいて、もはや驚かなくなってしまったかもしれませんが、この数字の背景には、一人ひとりの人生があります。そのことを忘れてはなりません。

トランスジェンダー差別とは

トランスジェンダーにとって差別とは何でしょう？

悪い親がいたり、無理解な上司がいたり、危険な顧客がいたり。オンライン上で、トランスヘイトを見かける機会も増えています。そういう話であると同時に、そういう話だけではありません。トランスジェンダーの人々が不利益を被るように、すでにこの社会ができあがってしまっているのです。家庭環境も、学校教育も、就労現場も、どこもかしこもそうです。差別は、個人の善意や悪意の問題に限りません。思いやりでは解決しません。差別は、制度的・構造的な問題であり、それを作り上げて存置し続けてきたシスジェンダーの人々に、その解決の責任は存在しています。

第4章と第5章では、そんな制度的差別の代表として、より詳しく医療制度と法律について説明していきます。

第4章　医療と健康

トランスジェンダーであることは病気でしょうか。

歴史的に、トランスであることは「性転換症」や「性同一性障害」という名前で、精神疾患や精神障害の扱いを受けてきました。とはいえこうした歴史は、「病気」の扱いを受けることと引き換えに、一部のトランスたちが医療者たちから必要な医療的サポートを受けるためのきっかけにもなりました。自分たちを「病人」として訴えることで、「病者」の治療のためにという理由で、手術をしてくれたりホルモンを処方してくれたりする医師を見つけていったのです。

しかし、いくらそうした「病気扱い」にメリットがあったからといって、トランスジェンダーであることは実際には病気ではありませんから、このような「病理化」の歴史には大きな修正が迫られてきました。同性愛やバイセクシュアル、Aセクシュアルの人を、そのセクシュアリティを理由に「病気」扱いすることが間違いであるように、トランスジェンダーも病的な状態ではありません。今では、「性同一性障害」などの疾患としてトランスたちの状態を理解することは、完全に時代遅れです。米国精神医学会（ＡＰＡ）が発行する「精神疾患の診断・統計マニュアル」（本書執筆時点の最新版はＤＳＭ－５）においても、世界保健機関（ＷＨＯ）による国際疾病分類（本書執筆時点の最新版はＩＣＤ－11）においても、トランスジェンダーであることそれ自体は、以前とは異なり「病気」や「障害」として直接的には扱われなくなりました。トランス当事者たちの訴えが世界的に認められ、トランスであることは「治療すべき病気」ではなくなったのです。これを「トランスジェンダーの脱病理化」と呼びます。

けれども、トランスであることが病気ではなくなったからといって、ただちにトランスたちが医療との関わりを絶つべきだということにはなりません。トランスの人は、性別違和や性別不合を解消し、自分の身体を生きるために医療的な措置を必要とすることがあるからです。第２章の「医学的な性別移行」で述べたように、多くのトランスたちが現在もさまざまな医学的介入を実際に受けています。この第４章では、そうしたトランスならではの医療について、制度的な状況や歴史を踏まえつつ、現状と問題点を詳しく説明していきます。
とはいえ、トランスたちと医療者との関わりは、そうしたトランスならではの医療に限られません。当たり前のことですが、トランスでない人と全く同じように、トランスの人たちも風邪を引いたり怪我をしたり、さまざまな健康上の問題を抱えることがあるからです。しかし残念ながら、そうした機会にトランスの人が病院で嫌な思いをする可能性はとても高いことが知られています。医療現場にはびこる無理解や偏見は、トランスたちが健康を損なう大きな要因となっているのです。

また、トランスの人たちは非常に数が少ないため、自分の健康についての情報を医師から正しく教えてもらえなかったり、医師から見放されたりすることもあります。十分な量の研究データや臨床データが存在しないことが多いため、担当する医師が判断に困ってしまったり、場合によっては診療を拒否されたりすることすらあるのです。そうした情報の不足は、医療者だけでなくトランスの人たち自身にも悪影響をもたらします。特にセクシュアルヘルスに関わる情報源はトランスの存在を想定していないことがあり、トランスたちが健康にまつわる情報にアクセスするのは容易ではありません。

このようにトランスジェンダーの健康は、集団として剝奪された状態に置かれています。

第4章でこれから説明するのは、そうした医療と健康についての問題です。

トランス医療

なぜトランス医療が必要なのか

まずは、トランスの人々に固有の医療的ニーズについて説明していきましょう。ただ、その内容に詳しく入る前に、まぎらわしい医療用語を簡単に押さえておく必要があります。

第1章で述べたように、トランスジェンダーとは「出生時に割り当てられた性別とジェンダーアイデンティティが異なる人」を指しますが、医学の世界では、こうした人たちを長らく「病気」と見なし、それに診断名をつけてきた歴史があります。

なかでも、皆さんに比較的なじみ深いであろう「性同一性障害」(Gender Identity Disorder)という用語は、1980年にDSM-3(精神疾患の診断・統計マニュアル第3版)で採択されて以来、使われてきたものです。しかし、この名称には「ジェンダーアイデンティティの様子がおかしい人」という差別的なニュアンスがあるため、今では医学の世界ですら使われなくなりました。そもそも当事者目線からすると、ジェンダーアイデンティティに異常があるわけではなく、どちらかと言えば身体的な特徴や、押しつけられる生き方のほうに違和感があるわけですから、「性同一性障害」が喚起する「精神疾患」のイメージは、はじめからそぐわないものだったわけです。

「性同一性障害」の後継概念としては、米国精神医学会が作成しているDSM－5では「性別違和」（Gender Dysphoria）、WHOが作成しているICD－11（国際疾病分類第11版）では「性別不合」（Gender Incongruence）という用語が使われています。その内容には若干の差異がありますが、大体同じ意味の言葉として、トランスジェンダーの人が抱えている性別への違和感を医学的に扱うときに用いられる名称です。トランスの人が自分の身体を自分のものとして感じられず、特に医療的なサポートを必要とする状態にあるとき、その人は「性別違和」や「性別不合」を抱えている。そのように表現すると一旦理解してください。

そうして性別違和や性別不合に苦しむトランスの人は、自分にとって快適な身体、自分として生きられる身体を取り戻すために、医学的な治療を選択することがあります。医学的な性別移行です。そのときには当然、医師の力も必要となります。トランスであること自体は病気ではありませんが、だからといって、トランスの人が専門的な医療ケアを必要としないわけではないのです。

その点で、性別違和・性別不合は妊娠と似ていると言えるかもしれません。妊娠していること自体は病気ではありませんが、妊娠している人は産婦人科医や助産師などの、医療の専門家たちのサポートを必要とするからです。実際、2022年1月1日から有効になっているICD－11でも「性別不合」は「性の健康に関する状態」の枠内で「妊娠」の隣の項目に置かれています。

大切なことなので繰り返しておきます。トランスの医療的ニーズは、このようにICD－11やDSM－5に確かに記載されています。そのことから明らかなように、トランスジェンダーの「脱病理化」（病気扱いしないこと）の達成は、トランスジェンダーの「脱医療化」（医療との関係を絶つこと）を意味しません。トランスの人たちは固有の医療を必要とすることがあり、医療的なサポートを必要とするほかの全ての人たちと同じように、その医療を安心して受ける権利を持っているのです。

同時に、このような権利がトランスたちの手に取り戻されるまでの歴史も、忘れるべきではありません。かつて、トランス的な人々は文字通り「病気」の人間として、精神医学者による「治療」の対象とされてきました。西洋の医師たちは、20世紀の中盤になっても、出生時に判定された性別とは異なる性別を生きようとする人々に強制的にホルモンを投与したり、電気ショックを与えたりして、トランス的な人々のジェンダーアイデンティティを無理やり変えさせ、その人をシスジェンダーへと「転向」させようとしていました。そうした残忍な行為をやめさせる大きなきっかけは、「性転換症」（TS：transsexualism：トランスセクシュアリズム）という病名が普及したことでした。これにより、電気ショックなどでジェンダーアイデンティティを変えさせる（治療する）のではなく、ジェンダーアイデンティティに沿って身体を変える（治療する）ことこそが、トランス的な人々にとって必要な医療であるという認識が確立しました。[*1] これは大きなパラダイムシフトでしたが、とはいえ「性転換症」という「病気」としてトランス的な人々を位置づけるという代償を伴いました。

これに対し、私たちの生きる現代は「トランスジェンダーの脱病理化」というもう一つのパラダイムシフトを経験しています。トランスジェンダー医療の歴史は、このように複雑です。のちに紹介するインフォームドコンセント・モデルの推進など、トランス医療にアクセスする当事者たちの権利回復の動きは、これからも進み続けるでしょう。

日本でトランス医療を受けるには～診療と治療のガイドライン～

ここからは日本のトランス医療の状況を見ていきましょう。ただ、第2章「医学的な性別移行」で論じたような、具体的な医療措置や、それによってもたらされる身体の変化よりも、本章では制度としてのトランス医療の現状に焦点を当てていきます。

はじめに注意すべきは、一言で「トランス医療」と言っても、さまざまなやり方があるということです。精神科医を中心とする医師らによって定められた規範的な手順に従うこともあれば（いわゆる「正規ルート」）、雑居ビルの一角で、そのような規範的な手順とは無関係になされる手術もあります（いわゆる「闇ルート」）。どのように治療を進めていくことが可能かは、個々人の情報網や金銭的・時間的余裕によります。このうち、本章で注目するのはトランス医療の制度的環境ですから、後者の闇ルートについては扱わず、前者のいわゆる「正規ルート」を中心に論じます。

現在この「正規ルート」と呼ばれているのは、日本精神神経学会による「性同一性障害に関する診断と治療のガイドライン[*2]」に沿った診療のことです。このガイドラインは、「トランスの人が医学的治療を望む場合は、こんなふうに進めるといいよね」という手順をまとめたもので、1997年に初版が公表されて以降、何度か改正されてきました。ただし、国際的にはとうに消滅したはずの「性同一性障害」という名称がガイドラインに残り続けていることには、問題があります。

このガイドラインでは、冒頭で次のようなトランス医療の歴史が語られています。事の発端は1964年、ブルーボーイ事件と呼ばれる出来事にさかのぼります。これは、当時の男娼（ブルーボーイ）の求めに応じて睾丸摘出などの措置を行っていた産婦人科医が、「正当な理由なく生殖を不能にする手術を行った」として優生保護法違反の罪に問われ、1969年に有罪判決を受けた事件のことです。現在よりもトランス的な人々の社会認知が乏しく、正規の医療ルートもなかった時代にあって、こうした「闇医療」を施してくれる医師の存在はトランスたちの頼みの綱でした。そのなかには、動物病院の診察台で睾丸を摘出してくれる獣医さんも含まれていました。犬や猫と同じように、自分の身を獣医に委ねてまで睾丸摘出を必要としたトランスたちのニーズがあったということです。

ブルーボーイ事件は、そうした「闇医療」にいきなり法の網をかけたことで多くのトランス的な人々を驚かせ、医師たちを委縮させる結果になりました。優生保護法（のちの母体保護法）違反の罪で問われることを恐れた医師が、トランスの求めに応じて医療措置を提供することをためらうようになったのです。

そうした停滞期（いわゆる「暗黒の時代」）を打ち破るために、1997年初版のガイドラインは策定されました。ブルーボーイ事件を改めて総括し、トランス医療の「正規の医療」としての位置づけを改めて整理するのがその目的です。つまり、トランス医療を「理由なく生殖不能にすること」ではなく、「性同一性障害への正当な医療行為」として位置づけることにガイドラインの主旨はありました。実際、この初版ガイドラインを遵守するかたちで、1998年に公的には日本初となる性別適合手術が埼玉医科大学で施行されました。以上が、ガイドライン自身が語る、ガイドライン誕生までの経緯（いわゆる「正史」）です。

他方「闇ルート」ではありつつも、トランスジェンダー的な人のなかには、親しくしている医師を個別に説得したり、数少ない当事者を頼ったりしながら、身体改変のための医療を受けてきた人たちがずっといました。トランスたちが世界に存在し続けてきた以上、ガイドラインによって「暗黒の時代」とされた時代にもそうした医療との関わりは存在しましたし、現在もそうした医療は（自由診療の名の下に）存在し続けています。あまり顧みられることがなく、もちろんリスクもつきものですが、ガイドラインが語る「正史」とは異なるそうしたトランス医療の歴史は、トランスたちのたくましい歴史の一部と言えるかもしれません。

ガイドラインの良かった点

いわゆる「正規ルート」として「性同一性障害に関する診断と治療のガイドライン」が確立したことには、良かった点もありましたが、悪かった点もありました。

良かった点は、医師が行う正規の医療行為としてトランス医療が社会的に位置づけられたことです。一連の治療には依然として保険が適用されないため「標準治療」とは言えないのですが、それでもガイドラインに沿っていれば、母体保護法違反に問われることのない正当な医療行為であるとの認識が定着したのです。ガイドラインは医師を安心させ、罪に問われる恐れを抱くことなく必要な人に必要な医療を届けやすい環境を作りました。

トランス当事者の立場からしても、ガイドラインができたことによって身体的な治療を受けるためにどこに行けばいいのか分かるようになりました。それは、何もかも自己責任で医療ルートを開拓・探索しなければならないというプレッシャーからの解放でもありました。

ガイドラインはまた、「性同一性障害」という名称の普及にも一役買いました。もっとも、日本においてその言葉を爆発的に普及させたのは、2001年にテレビ放映された『3年B組金八先生』の第6シリーズ、上戸彩(うえとあや)さんが「性同一性障害の生徒」を演じたドラマだったとされています。皆さんが何となく「困っている可哀そうな人」として「性同一性障害者」を理解しているとしたら、それはこのガイドラインと『金八先生』の影響かもしれません。

ガイドラインの問題点

その反面、ガイドラインの策定には悪かった点もありました。

まずはガイドラインそのものの問題として、トランス当事者にとって好ましくないプロセスがいくつも含まれています。

問題点の一つ目は、自分史を語らされることです。これは、自分がどのような歴史を生きてきたのか、そしてその都度どのような感情を抱いたのか、といったことを医師に説明するプロセスを指します。しかし、そうした自分史の聴取・執筆にあたっては、詳細な養育歴や生活史、性行動歴について医師に開示する必要があります。今の自分が必要な医療ケアを受けるにあたって、「親と仲が良かったかどうか」「どんな性行為をしてきたか／するか」などは無関係のはずですが、このガイドラインではそうした個人情報を過剰に医師に提示するよう求められます。全く意味のないプロセスです。

特に注意が必要なのは、医師のなかにある異性愛中心主義、つまりホモフォビア（同性愛嫌悪）の存在です。例えばトランス女性で「女性が好き」な同性愛者だと精神科医に打ち明けると、「それならば男性のままでヘテロセクシュアルとして生きていけばいいのではないか」と言われたり、トランス男性で「男性とのあいだに子どもを産んだことがある」場合だと、「それならば女性として母親の役割を果たすべきで、男性として生きていくのは認められない」などと存在を否定されたりすることがあります。医師が無自覚に従っている異性愛的な規範が、「性同一性障害」であるかどうかの診断や、その後の医療措置へのアクセスという、場合によってはトランスの命に関わる問題に悪い影響を与えているのです。

問題点の二つ目は、性別違和の実体を明らかにするために、「反対の性別への持続的な同一化」があるかどうかを過剰に重視していることです。しかし、いったい「反対の性別」とは何でしょうか。ノンバイナリーの存在が想定されていないのはもちろん、性別に違和感はあるけれど「反対の性別」に明確に同一化していない人もいるため、この基準ではトランスの実態を捉え損ねてしまいます。結果として、診断を得てから治療を進めたいと考えるトランスの人のなかには、「反対の性別らしく」振る舞おうと、ふだん以上に「女らしさ／男らしさ」を意識する人も出てくるほどです。

問題点の三つ目は、ガイドラインに沿って診断を得るために外性器の検査を受ける必要があることです。これについては端的に虐待ですから、一刻も早くやめるべきです。本当に信じられません。

ガイドラインそのものの問題だけでなく、それができたことによる弊害も無視できません。当時よりガイドラインの影響は大きく、ガイドラインに沿って診断を受け、治療をして、という「正規ルート」が生まれたことは、個々人のニーズよりもルートに沿うことが優先される状況を当たり前のものとしてしまいました。結果として、ガイドラインに沿って診断を受けている人が「本物の」性同一性障害者やトランスジェンダーであるという誤った幻想が、トランスコミュニティのなかに強く生まれました。[*3] 意味のない格差が作りだされてしまったのです。

ガイドラインは確かに、トランス医療を「正規の医療行為」として位置づけることに貢献しました。しかしガイドラインの普及は、一貫してトランスの人たちが自分たちを病人として自己提示することを当然のこととしてしまい、「医療を受ける権利主体」として自分たちを理解することを阻害しました。これは闇医療においてもそうかもしれませんが、トランスの人たちにはいまだに「温情ある医師に助けてもらっている」意識が強く、そのため医療に対して改善点を伝えたくても、「意見を言って波風を立てるよりも、大人しく医療を受けさせてもらったほうがいい」という消極的な姿勢になりがちです。自分たちのニーズや権利よりも、いかに医師に助けてもらうか、社会に迷惑をかけないか、という視点が重視されるようになったのです。

そもそも、ガイドラインができて「正規医療」の体裁を取ってもなお、トランスに固有のニーズに応えるための医療には保険が効きません。部分的に胸オペと性別適合手術が保険適用になってはいますが、それ以前に（実のところ以後も）ホルモン治療をしていると混合治療となってしまい保険適用の対象から外れるため、性別適合手術に保険が適用される機会は滅多になく、制度としては完全に破綻しています。また、そうして保険が適用されないため、トランス個人が高額の医療費を払わなければならない状況も改善されていません。しかも、「正規医療」として国内で手術ができる認定病院は数が限られており、正規のプロセスを経て予約にこぎつけても、実際に手術ができるまで半年以上待たされることもあります。そのため多くのトランスたちが結局は独力で海外にわたって手術を受けています。特に多いのは、通訳や病院対応のサポートをしてくれるアテンドと契約をして、タイに渡って手術を受けるケースです。ガイドラインができたところで、まだまだこれが日本のトランス医療の現実なのです。

ICモデル

ここまでは日本の状況を説明してきました。では、世界のトランス医療はどうなっているのでしょうか。トランス医療にはWPATH（World Professional Association for Transgender Health：世界トランスジェンダー・ヘルス専門家協会）という専門組織があり、そこが「ケアの基準」（SOC：Standards of Care）というガイドラインを定めています。[*4] 詳細が気になる人はインターネットに邦訳が出ていますので、[*5] そちらをご確認ください。

SOCが日本の「ガイドライン」と異なるのは、現在の医学の常識である「脱病理化」（トランスを病気扱いしないこと）の成果に依拠していることです。先に述べたように、日本ではいまだにトランスジェンダーが「患者」として扱われ、そのジェンダーアイデンティティを医師が判断し、「性同一性障害」という診断を下すプロセスが重視されています。トランス医療の入り口に精神科医が立ちはだかり、病気かどうかを決めるプロセスです。

これに対してSOCでは、医師による「診断」よりも「説明」のほうに圧倒的に重点を置いています。その点は、SOCの最新版である第8版から新たに「インフォームドコンセント・モデル(ICモデル)」に対する肯定的な言及が加わったことからも分かります。例えばある人がホルモンを打ちたいと思ったとき、日本のガイドラインでは性同一性障害や性別不合の「診断」が最初に来ますが、ICモデルではそのプロセスを重視しません。[*6] むしろ、ホルモンを打つとどうなるかということを、副作用も含めて丁寧に医師が説明し、その説明を聞いた本人が納得して同意する、というプロセスを重視します。

これはホルモン治療の例ですが、いずれにせよICモデルはトランス医療に対する「ゲートキーパー(門番)」としての精神科医の存在を大きく転換させるモデルであり、[*7] 世界のトランス医療は間違いなくこれからICモデルが主流化していくでしょう。日本のガイドラインも、すみやかに改正が必要です。

トランスジェンダーの健康

ここからは、医療と健康にまつわる話全般に移ります。

突然ですが、あなたは体調が悪くなったらどうしますか。もしあなたが、法的な身分証明に問題を抱えておらず、無保険の状態でないのであれば、おそらく病院に行こうとするでしょう。しかしトランスジェンダーの人のなかには、病気が悪化しても病院に行かない人が多くいます。お金がないという理由もありますが、病院で嫌な目に遭ったり差別を受けたりするからです。自分の健康を回復するためのヘルスケアを受けようと思っても、ハラスメントや虐待を恐れて病院に行けない人がいるのです。これから、その実態を少し詳しく見ていきましょう。これは、トランスの人々の健康に直結する深刻な問題です。

ヘルスケアにおける差別

トランスジェンダーが置かれている困難な現実として、ヘルスケアを受ける際に差別を受ける経験が珍しくないことは特筆すべき事実です。

例えば2015年の米国の調査[*8]では、回答者のうち医療関係者と関わることになったトランスの人の3分の1（33%）が、トランスジェンダーであることを理由に言葉でハラスメントを受けたり治療を拒否されたりしています。約4分の1（23%）の回答者が、トランスであることを理由に医療者から虐待されるのではという恐れを抱き、必要なヘルスケアを受けなかった経験がありました。

これは、日本でも起きている現実です。２０１９年に実施された日本の調査[*9]では、トランス女性ＭｔＦの51・2%、トランス男性ＦｔＭの38・8%が、「体調不良でも医療機関に行くことを我慢した経験がある」と回答していました。そうした我慢を強いられた理由は、おそらくさまざまでしょう。直接的なハラスメントだけでなく、医療関係者や周囲の患者からの視線が怖いという人も、お金がなかったという人もいるでしょう。しかしこうした数字は、シスジェンダーの読者の皆さんの生活実感に照らせば、驚くような数字ではないでしょうか。

もちろん、お金がないために病院の受診をためらうというのは、トランスジェンダーだけが経験する困難ではありません。しかし、第3章で述べたように、貧困は差別の表れでもあります。実際、先の米国の調査では3人に1人（33%）のトランスジェンダーに、金銭的な理由でヘルスケアを受けなかった経験がありました。この数字を、トランス差別に由来する失業率の高さなどの経済的苦境から切り離して理解することはできません。

大切なのは、誰も雇用の現場で差別を受けないこと、本人の働ける能力の有無によって生存の可否が線引きされないこと、そして、裕福な人もそうでない人も平等に必要なヘルスケアにアクセスできることです。そうした理想の社会の実現に向けて、まずはトランスの人たちが置かれているマイナスの環境をゼロに近づける努力が求められています。それは同時に、トランスでない人も含めて、全ての人が安心して自分の人生を生きられる社会を目指す歩みの一部でもあります。

性別の取り扱い

再び、病院におけるトランスの困難に戻りましょう。

多くのトランスたちにとって、病院で性別を聞かれるのはそれだけで困惑させられる経験です。生活実態と保険証の記載の性別が食い違っている人にとって、病院の問診票で性別欄に○をする行為は、それだけでカミングアウト行為になります。相手がどんな反応をするのか、差別的な言葉を投げかけられるのではないかといった不安を抱えながら、自分にとっての最もセンシティブな情報を相手に渡さなければならないのです。

そもそも、本当に全ての病院で患者さんの性別を聞く必要があるのでしょうか。例えば眼科で視力を測ってコンタクトを新調するときに、いちいち患者からトランスジェンダーであるとカミングアウトされても、眼科医も困るでしょう。トランスの人だって、そんなことで驚かれたり困惑されたりしても、ただ精神を削られるだけです。もしかすると、保険料の請求に性別の記入が必須だと病院側は主張するかもしれませんが、そうしたシステムの不備を理由にトランスの健康が損なわれるのは放置してもよいのでしょうか。一連の保険料の請求プロセスから性別欄をなくしたところで、何も困ったことは起きないはずです。

入院

トランスの人々が最もトラブルに巻き込まれるのは、入院病棟です。望む性別への社会的な移行が済んでいるトランスの人や、移行を進めている途中のトランスの人の場合、病院側によって無理やり個室に入院させられ、しかも差額のベッド代を請求されるという運用が残念ながら一般化しています。ときに、「戸籍の性別に基づいた病棟でもいいけれど、あなたが個室でないと困るでしょう?」という態度を病院側が取ってくることもあります。

病院側が、トラブル回避や個人情報の管理の煩雑さを理由にトランスを個室に押し込めているにもかかわらず、個室を「選んだ」ことにされ、差額を請求されています。

トランスの人は、入院を拒否されることさえあります。一度は救急車で近くの病院に運ばれたのち、リハビリ機能を備えた病院に転院しようとしたが、トランスジェンダーであることを理由に入院を断られる。そういったケースが現実に日本でも報告されています。*10

これは医療関係者の方たちにぜひ知っておいてほしいのですが、トランスジェンダーも人間です。医療にあずかる権利がありますし、よりにもよって医療関係者に見殺しにされたくありません。そしてお願いです。ぜひ、一人ひとりの話を聞いてください。一人ひとりの状況は違います。一人ひとりの希望も違います。トランスジェンダーだからとケアを拒否したり、一律に個室を強制したりしないでください。一人ひとりに耳を傾け、現実を見つめ、何ができるか、よく考えてください。

健康診断・検査・性感染症

健康診断もまた、トランスたちの悩みの種です。例えば職場の集団検診で、事前に労務課に自分の状況を丁寧に説明していたとしても、健康診断を実施している事業者にそれが適切に伝達されていなければ、大きなトラブルに見舞われます。現実にあったケースですが、「女性として生活している」と説明したにもかかわらず、事業者が勝手にそのトランス女性を「男性」の時間枠にねじ込んでしまうことがあります。そうすると、女性らしき人物が男性に混じって健康診断を受けて回っているのですから、周囲の男性たちにも混乱や戸惑いが生じます。もちろん、そのなかで検診を受けさせられる女性の心の痛みは想像を絶します。

一人ひとり状況は違いますが、例えば服の着脱だけなら、少し時間や空間をアレンジすればどうにでもなるでしょうから、そもそも厳格に健康診断の時間を性別で分ける必要もないかもしれません。衣服の着脱がない場面でも、トランスの人は戸籍の性別が書かれた問診票をもって巡回するだけでいちいち好奇の目に晒(さら)されたり、不躾(ぶしつけ)な質問を受けたりしますから、そんなところに健康診断を受けに行こうとしないトランスジェンダーの人が多いのは当然のことです。これも、事前にスタッフに周知をしたり、問診票から性別欄を省いたりすれば解決可能な問題です。実際、健康診断の事業者とうまく連携をして、性別欄の削除やスタッフの教育に成功している会社もあります。

それ以外にも、本人の健康のみならず公衆衛生にとっても重要な意味を持つ、感染症の検査に際してもトランスジェンダーは「いないこと」にされがちです。例えばHIVの検査で「男／女」のどちらかに○をつけさせたとしても、シスの「男／女」しか前提とされていない状況で、トランスの回答者はどう答えるべきでしょうか。また、ここにはノンバイナリーの存在も無視されています。性行為の有無を聞いても、性器の形状はシスとトランスで異なる可能性があり、どのような回答を求めているのかすぐには判断できません。

そもそもトランスジェンダーはHIV感染者の割合が高いことが知られており、2019年の推計ではその数字は一般人口の13倍に上ります。[*11] 本書でもたびたび引用した全米の大規模調査でも、HIV陽性であるトランスの割合は1・4%と、アメリカの一般人口（0・3%）の約5倍です。この調査では、黒人のトランスジェンダー（6・7%）、特に黒人のトランス女性（19%）の有病率が顕著に高いことも明らかとなっています。[*12] エイズ予防を目的とした研究にトランスジェンダー当事者を包摂し、トランスの人々に向けた性感染症予防のための積極的な施策を展開することは急務です。[*13] しかし日本の厚生労働省のエイズ予防指針[*14]にはトランスジェンダーへの言及がなく、HIVをはじめとした性感染症の検査や相談のために病院やクリニック、保健所を訪れることをためらうトランスの人は少なくありません。[*15] 公衆衛生を向上させるには、性のあり方が多様であることを前提とした調査・研究そして具体的な施策が必要であり、厚労省はそのための第一歩としてエイズ予防指針にトランスジェンダーのための予防啓発の必要性を明記すべきです。

トランスの健康にまつわる情報不足

トランスの人たちの健康を悪化させる大きな要因のもう一つは、当事者にも医師にも圧倒的に情報が不足していることです。トランス医療の必要性が周知されて日本でも四半世紀が経っていますが、内科や外科の医師にホルモン投与していることを伝えたうえで、それとは別に処方された薬との併用に問題がないか質問をしても、「分からない」「知らない」という回答が必ず返ってきます。最悪の場合、その事実を伝えた時点で「責任を取れないからほかの病院に行ってほしい」などと治療を拒否されることさえあります。まずは、ホルモンを投与しているトランスの人たちの健康データを集める必要があるでしょう。

体脂肪を測るときも、ＨＩＶの検査をするときも、トランスたちは性別欄の「男／女」に悩みながらどちらかを選ぶほかありません。ヘルスケアに関わる現場でトランスの存在が全く想定されていないというこうした状況は、トランスの人々を困らせるだけでなく、周囲を巻き込む事態にも繋がりかねません。例えば継続的にホルモン投与をしている人は献血をしてはいけないのですが、そのことを知らないとうっかり「性ホルモンを摂取しているトランスの人」も献血の協力に応じてしまうかもしれません。また、献血基準には男女で性差がある項目もありますが、トランスの人にどちらの基準を適用するのか、赤十字のスタッフはすぐに回答する用意があるでしょうか。ここでも不足しているのは、多様な生活実態や治療歴を持つトランスの健康についてのデータです。なお、話の本題からは逸(そ)れますが、日本赤十字社はいまだに「男性どうしの性的接触があった」人の献血を拒否しています。これはゲイ男性やバイ男性に対するただの差別ですから、一刻も早く撤回すべきです。

自らの健康について十分な情報が得られないというトランスたちの状況は、学校教育においてすでに始まっており、その排除の最たるものが性教育です。あるオーストラリアの調査[*16]によれば、小学校から高校のあいだに受けた、性と生殖の健康についての教育に対する、トランスたちの評価は悲惨なものでした。「素晴らしい」性教育を受けられたと回答したトランスはたった2・4%であり、34・2%は「貧弱（poor）」だった、30・3%は「悲惨（awful）」だったと回答しています。また、約半数（51・2%）が配慮のないセクシュアルヘルスのケアを受けたことがあると回答し、この数字はノンバイナリーではさらに悪くなりました。

以上の事例から明らかなように、トランスの健康についての情報が現在の社会には不足しています。それはトランスの当事者の健康を悪化させるだけでなく、医療関係者が適切な判断を下すことを妨げる要因にもなっています。そのためまずは、トランスの人々の健康について、医学研究者たちが十分なデータを集め、それに基づいて研究を進めていく必要があります。それは、トランスの集団としての健康を底上げするだけでなく、公衆衛生全体にとっても意義ある研究になるでしょうし、その結果を臨床の現場に還元できれば、トランスの患者を前に困惑する医療者たちの助けにもなるでしょう。

本章では、トランスの人々に関わる医療と健康について説明してきました。トランスたちの医療・健康のニーズがこうして後回しにされ、十分なヘルスケアを受けられない状況に置かれている現実は、一刻も早く変える必要があります。そして注意すべきは、これは善良な医者や看護師が増えれば解決するような問題ではなく、社会の制度や法律に関わる問題だということです。そうした制度や法律は、トランスジェンダーをわざわざ差別しよう、排除しようと思って作られたものではないかもしれません。しかし、トランスの存在がはじめから想定されていない現在の社会で、何も考えずに作られた制度や法律は、結果としてトランスの人々を取り残し、その健康を悪化させる方向にほぼ必ず作用します。だからこそ、トランスの人たちの声を拾い上げ、そのニーズに積極的に耳を傾ける必要があるのです。

続く第5章でも、そのような法律や制度によって生みだされている諸問題を見ていくことにします。

第5章　法律

本書では、トランスの人々の生きている状況が、制度や法律によって大きく規定されているということを繰り返し述べてきました。この第5章では、さらにトランスジェンダーの生存に密接に関わる法律について、日本における現状と問題点を見ていきます。

トランスの人々に影響を及ぼす法律として、ここでは三つの法律に焦点を当てます。まず、戸籍の性別表記の変更に関わる「特例法」。次に、同性婚が法的に認められていないこと。三つ目は差別禁止法の不在。これら法律の状況を検証することで、よりいっそう、トランスの置かれている構造的な差別の状況が分かるはずです。

特例法

現在、トランスの人々は「性同一性障害者の性別の取扱いの特例に関する法律[*1]」、通称「特例法」に定められた要件を満たすことで、戸籍上の性別を「女」から「男」へ、または「男」から「女」へ変更することができます。そして戸籍の情報は住民票と基本的に連動しているため、パスポートや保険証など、戸籍や住民票に紐づく公的書類の全ての性別表記も、この法律に則って戸籍の表記を変えれば、同様に変更することができます。

逆に言えば、特例法の要件を全てクリアしなければ、トランスの人々は自分の「性」を公的に生きることが認められていません。また、日本では「女」と「男」だけが公的に想定されていますから、ノンバイナリーの人々はそもそも自身のジェンダーアイデンティティに適合的な公的書類を作成できません[*2]。こちらは、特例法が今後どのように改正されようとも、戸籍法が変わらない限り解決しない問題です。

なお、しばしば誤解されていますが、特例法による性別表記の変更と、戸籍名の変更は、別のプロセスです。トランスであることを理由に改名する際は、通常は改名の申立書・性同一性障害の診断書・改名予定の名前の使用実績などを家庭裁判所に提出する必要があります。もちろん改名の手続きも一筋縄でいかないことがありますが、性別の表記を変更するよりは要件が少ないため、先に名前だけを変える人が多いです。

特例法とは

さっそく、特例法の内容から見ていきましょう。

　性同一性障害者であって次の各号のいずれにも該当するものについて、その者の請求により、性別の取扱いの変更の審判をすることができる。

一　十八歳以上であること。

二　現に婚姻をしていないこと。

三　現に未成年の子がいないこと。

四　生殖腺(せん)がないこと又は生殖腺の機能を永続的に欠く状態にあること。

五　その身体について他の性別に係る身体の性器に係る部分に近似する外観を備えていること。

性別変更のための5要件が示されています。ただし実際には「性同一性障害」の診断を2名以上の医師から得ることが前提ですから、合計6要件と言ってもいいかもしれません。

まずは、各要件の内容について順に確認していきましょう。

冒頭の「性同一性障害者であって」という前文は、「性同一性障害」またはその後継概念となる「性別違和」「性別不合」などの診断を受けていることを指します。つまり医師による診断を受けてない人は、性別変更の申し出ができません。

一の「年齢要件」は文字通り、戸籍変更しようとする人が成人であることを求めています。2022年4月1日に民法が改正され、成人年齢が20歳から18歳に引き下げられたことに伴い、この年齢要件も18歳に変わりました。

二の「非婚要件」は、すでに婚姻している人が戸籍変更すると（現状では許されていない）同性婚の状態が成立するため、それを防ぐための要件です。

三の「子なし要件」も文字通り、未成年の子がいないことを求めています。2008年に法改正されるまでは年齢の言及がなく、「現に子がいないこと」でした。

四の「不妊化要件」は、妊娠する能力や妊娠させる能力を持たないことを求めています。戸籍を「女」に変更する場合は精巣の切除、戸籍を「男」に変更する場合は卵巣を切除するか、閉経済み、または何らかの医学的疾患により卵巣が機能していないと判断されれば、要件を満たします。

五の「外観要件」は、シスジェンダーの男女に似た性器であることを要求するものですが、現在の一般的な解釈では、単に陰茎の切断を義務づけるのみの要件となっています。戸籍を「女」に変更するために造膣手術は必須ではないのです。他方トランス男性には、この外観要件はあまり関係がありません。唯一、多くのトランス男性が戸籍を「男」に変更しようとする以前に男性ホルモンを身体に投与しているため、ホルモンの影響で陰核（クリトリス）が肥大化しており、その陰核を陰茎（ペニス）に近似した外観のものと見なしている、という解釈があります。以上の通りですから、膣閉鎖や陰茎形成は戸籍の性別を「男」に変更するには必須ではありません。

2003年に成立したこの特例法に従って性別の表記を書き換えた人は、2020年末までに1万人に達しました。[3] 法的な性別承認を可能にした点で特例法には大きな意義がありましたが、結果として戸籍を変えた人の割合は、日本の人口全体のわずか0・0081%ほど[4]という極めて少数になります。後述のように、実際にはこれよりもはるかに多くの人が戸籍変更のニーズを抱えているはずですから、特例法にはまだまだ課題が山積しています。

なぜ性別承認法が必要なのか

日本の特例法のように、トランスジェンダーの人の性別を正しい状態で公的に登録し直すための法律を、一般に「性別承認法」と呼びます。国家（や州など）が、出生時に割り当てられた性別とは異なる性別として、改めてトランスの性別を承認するための法律です。

現在では、多くの国々にこうした性別承認法が存在します。しかし、なぜトランスの人にとって性別承認法が重要なのでしょうか。簡潔に答えるとすれば、そのような法律がなければ生活に不便が生じ、周囲とトラブルになるからです。

多くの人たちにとって、自分の身分証を誰かに提示しなければならない機会は、それほど多くないでしょう。実際、住民票や保険証などの身分証は、日常生活で頻繁に必要なものでも、絶えず携帯されるべきものでもありません。しかし、家の賃貸契約や就職など生活の重要なタイミングで、そうした身分証は本人確認のための必須アイテムとなることがあります。

このとき、持っている身分証が自分の生きるリアリティと「ずれ」てしまったトランスの人は、困難に直面します。なぜなら、さまざまなレベルで性別を移行したトランスたちにとって、そうした身分証は身分証として機能しないからです。例えば、外見や声や交友関係がすっかり「男性」になったトランス男性が、「女性」と記載された身分証を提示するとしましょう。間違いなく「本人ですか？」と疑われます。これは、そのトランス男性当人のみならず、その身分証を見せられた人にも面倒な事態です。どう見ても「男性」として生きている人が「女性」の身分証を提示しているとき、それがその「男性」本人の身分証であることはどのように確かめるべきでしょうか。

　そうした身分証との不一致は、先に述べた通り生活の重要な場面で顕在化し、トラブルのもととなります。第3章で紹介した、トランスの人たちが生きている困難な現実は、一つにはそうした「身分証に身分を保証されない」ことに由来します。例えば女性として生きているにもかかわらず住民票には「男性」と書かれている人がいて、この女性は、どうすればトラブルなく就職活動や転職活動に専念できるでしょうか。住居探しをするときも、病院に行くときも、彼女は自分の身分証を提示することを躊躇し、身分証を見せた相手が訝しがる様子を見て怯えなければならないでしょう。海外に渡航する際にも、安全な移動は約束されていません。入国管理局で望まない身体調査をされることも、別室へと連れて行かれてパスポートの表記との齟齬を問いただされることも、残念ながらトランスジェンダーにはあり得るエピソードです。

このように、身分証が自分自身に一致していないと、生活の根本的な領域でつまずいてしまいます。なかでも住居と仕事は深刻な問題です。そして、そうした重要な場面でいざトラブルになったとき、交渉や議論において弱い立場に立たされるのは、決まっていつもトランスジェンダーの側です。

また、身分証の表記と、生きる「リアル」に不一致があることは、そのトランスの人がアウティング（望んでいない相手に自分がトランスジェンダーであると知られること・ばらされること）のリスクに絶え間なく晒されることを意味します。例えば勤めている会社に住民票を提出し、そこに出生時の登録性別が記載されているとき、その住民票はそれ自体でアウティングの危険因子となります。会社で健康診断の結果が返却されるときも、封筒の表紙に「男」や「女」と書かれていれば、それは非常に危険な状態です。なお、こうした身分証によるトラブルを避けるためだけに運転免許証を取得しているトランスは少なくありません。公的な身分証として極めて強い力を持つ運転免許証ですが、印字されている限りは性別欄がないからです。

以上が、トランスの性別承認のための法律が必要とされる理由です。こうした法律の重要性は、現在では世界的に広く認められており、例えば欧州評議会（EC）は2010年、加盟国全体に対して「性別の再割り当てについての完全な法的承認を生活の全領域にわたって行うための適切な手続きを設けるべき」との勧告をまとめています。[*5] 国際的な人権NGOであるヒューマン・ライツ・ウォッチも、[*6]「法律上の性別認定を受けられること（戸籍記載を変更できること）は、プライバシー権、表現の自由、雇用・教育・健康・移動の自由に関わる諸権利などの基本的権利のために欠くことができない要素の一つ」だとしています。

このように、トランスの人が自分のアイデンティティや生活実態に適合した性別を法的に承認されることは、世界的には人権の一部として認識されています。加えて、そうした性別承認法には、実用的な意味だけでなく象徴的な意味合いがあることも指摘しておく必要があるでしょう。というのも、そうした承認法を持たない国家は、そのことによって「トランスジェンダーなど存在しない・認めない」というメッセージを発し続けることになるからです。これは、それだけで大きくトランスの人々の尊厳を傷つけます。その意味でも、適切な法整備によってトランスの人の性別を公的に再承認できる体制を整える必要があるのです。

特例法各項の吟味

ここからは、特例法の中身をより具体的に検証していきましょう。それぞれの要件について、想定される立法側の発想をまずはこちらでまとめ、それをトランスの生活実態に合わせて評価していくことにします。[*7]

要件○　性同一性障害者であること

【立法側の発想】性同一性障害者のための特例法なので、その当事者であるという証明が必要。

【評価】「性同一性障害」という疾患名は2022年より国際的に消滅したため、そもそも前提が破綻しています。また、自分の性別を生きるために他人であるはずの医者からの診断を得るよう求めるというのは、法的な性別承認を「可哀そうな人への慈悲」だと見なす発想に由来しています。しかし公的書類の性別記載を変更する法的プロセスを設けることとは、トランスの人々が安全に自分の人生を生きるための権利を保障するためのものですから、この発想は適当ではありません。

要件一　十八歳以上であること

【立法側の発想】未成年の子どもには自分の人生を決める力がない。

【評価】最も重要なのは、個々人の事情です。確かに、商契約などにあたって未成年に成人と同様の意思決定能力を認めないことには、未成年者の保護という点で合理性がありま す。しかしトランスの子どもには幼少期から性別違和を示し、初等・中等教育時点からほぼ完全に性別を移行して暮らしている子も多くいます。そうしたケースにおいては、せめて本人の希望を前提とした保護者（親）の代諾でも良いのではないでしょうか。実際、欧州評議会（ＥＣ）の加盟国に限定しても、スペインやイタリア、マルタなど17の国で未成年の法的な性別変更が可能です。

書類の性別と現実の生活に齟齬があることでもたらされる不利益は、子どもにおいても非常に大きなものです。病院で差別を受けたり、中学受験を拒否されたりする子どもたちがいます。そうした状況がたかだか身分証の性別欄の訂正だけで解消するのであれば、本来は簡単なはずです。加えて、こうして未成年の意思決定能力を否定しておきながら、日本の性交同意年齢は明治時代から一世紀以上変わらず13歳と定められてきました。こうした場当たり的な年齢設定が若年者からどんな利益を奪っているのか、私たちは今一度考える必要があるでしょう。

要件二　現に婚姻をしていないこと

【立法側の発想】すでに婚姻している人が戸籍を変更すると、女性同士や男性同士が結婚していることになり、民法が認めない同性婚状態が出現してしまう。

【評価】まずは一刻も早く同性婚（婚姻平等）を法的に可能にすべきです。実際、戸籍変更のために離婚を選択しているカップルもいるため、この非婚要件はトランスの家族形成を妨げるためにしか機能していません。夫婦の片方が性別を移行しても、配偶者が同意しているのなら、その状態を婚姻として国家が認めればよいだけの話です。国連の人権委員会も、こうした非婚要件をプライバシーの権利（市民的及び政治的権利に関する国際規約17条）や平等の権利（同26条）の侵害であるとしています。[*8]

読者の皆さんのなかには、「異性」と結婚したことがある人間なら、一生その性別で生きられるのでは？　と考える人もいるかもしれません。しかし、他人の人生にそのような口出しをする権利がいったい誰にあるのでしょうか。とりわけ、トランスジェンダーに関する情報が普及していない時代を生きてきた人には、自分がトランスであることに気づくのが遅れ、その間に大切なパートナーと出会って異性婚状態になったという人も少なくありません。勝手に他人の人生を決めつけるより、すでにさまざまなあり方で生活している個々人のリアルを私たちは重んじるべきです。

要件三　現に未成年の子がいないこと

【立法側の発想】親が性別を移行すると家庭の秩序が乱れ、子どもが混乱する。母が父になったり、父が母になったりしたら、子どもが不幸になる。

【評価】この「子なし要件」は、諸外国の性別承認法にはない、日本独自の極めて不合理な要件です。実際、この要件が特例法に盛り込まれることが決まったとき、トランスコミュニティからは「まるで『子殺し要件』だ」と非難が上がりました。自分の人生を安全に、普通に生きるためだけに、自分の子どもを殺せということか、ということです。

立法側の想定では「子の福祉」が目的とされていますが、子どもからすれば、自分がいるせいで親が性別変更できない状況になるわけですから、子の福祉はむしろ台無しです。

とりわけ、いざ戸籍を変えようとする段階のトランスの人は、そのほとんどが生活上の性別をすでに変えていますから、戸籍上の「母」がもはや母でないとか、同じく「父」がもはや父でないといった状況は、すでに存在しています。そうすると、あとは身分証だけがいつまでも生活の妨げになって家探しや転職の邪魔になっているわけで、自分のせいで親を不幸にしているという自責の念を子どもが抱いても不思議ではありません。一刻も早く撤廃すべきです。

要件四　生殖腺がないこと又は生殖腺の機能を永続的に欠く状態にあること

【立法側の発想】トランスの人は子どもを望んでいない。また、もしトランス男性が自分の子宮と卵巣で妊娠・出産すると、子の出生届に「父」として登録すべきか「母」として登録すべきか悩ましくなる。

【評価】「トランスの人は子どもを望んでいない」というのは、かつて世界中で見られた偏見ですが、なぜ一律にそうした決めつけがなされてきたのか理解に苦しみます。そして日本にもすでに、出産を自分自身で経験したトランス男性が、子どもが成人した後に戸籍を「男」に変える事例は存在しています。

性別承認法にこうした「不妊化」を義務づける法律は、かつて世界中にありました。その背景には、トランスジェンダーたちが「精神病者」として扱われてきた歴史と、そうした精神疾患・精神障害の人々に対して政策的な不妊化を強いてきた、近代国家の優生思想の歴史が関わっています。現在ではしかし、このように法的な性別承認のために不妊化を義務づけることは実質的には不妊化の強制にあたり、人権侵害であるというのが世界的な常識です。2014年には世界保健機関（WHO）がそれを非難する声明を発表し、日本のGID（性同一性障害）学会理事会も、2017年にこの声明を支持するという声明を発出しています。また、欧州人権裁判所も2017年に不妊化の義務づけは欧州人権条約違反（つまり人権侵害）であると判断しました。そうした後押しもあり、2004年に成立した英国の法律を皮切りに、世界中の国々で、不妊化要件の撤廃が急速に進んでいます。

また、不妊手術は非常に身体の負担の大きな医療的措置であり、そこには患者の真正な同意（インフォームド・コンセント）が欠かせません。にもかかわらず、そこに「この手術をした人には戸籍変更を認めてあげます」というインセンティブが働いてしまうと、本当にその手術を望んでいた人にとってさえ、真正な同意を医療者に与えることができなくなってしまいます。

落ち着いて考えてほしいのです。シスジェンダーの人々と同じように、自分の存在と一致した公的な身分証を手に入れたいと願うトランスの人々に、わざわざ睾丸や卵巣の摘出を求める権利がいったい誰にあるのでしょう。私たちには、受けたくない医学的な措置を拒否する権利があり、自分の身体を自分のものとして生きる権利があり、誰にも妨げられずに家族生活を営む権利があります。特例法の不妊化要件は、残念ながらそうした権利を軒並みトランスたちから奪っています。

要件五　その身体について他の性別に係る身体の性器に係る部分に近似する外観を備えていること

【立法側の発想】社会が混乱する。

【評価】この外観要件は、先にも述べた通りトランス女性に陰茎切断を求めるだけのものですが、これには女性の身体に対する国家の管理という側面があります。「ペニスのある女性」を認めないという思惑が明白な一方、「男性」がどのような身体を持っているのかについては厳密なハードルを設けていません。「ペニスが何cm以上ならば男性として認める」といった、男性の身体への管理を暗に避けていると言うことができるでしょう。そもそも「外観が近似」というのが法律の要求としてあまりに不透明ですが、それ以上に、ここには「女性の身体の管理」という伝統的な女性蔑視が読み取れるのです。

もしかすると読者の皆さんのなかには、「ペニスのある女性が公衆浴場に入ると混乱する」と心配している人もいるかもしれません。しかしトランス女性だって、周りの人をびっくりさせながらお風呂に入りたいとは思っていません。皆さんと同じように、ゆっくり疲れを癒やし、身体を清潔にしたいだけです。現実には、陰茎の切断を経験していないトランスの女性たちは公衆浴場の利用を単に避けるか、旅館や浴場に個々人で事情を説明し、自力で交渉をすることで一部の時間帯だけ「貸し切り」にしてもらうなどの合理的配慮を受けています。この状況は、外観要件が撤廃されてもすぐには変わらないでしょう。銭湯や旅館には、どのような客を受け入れるか選別する、ある程度の権限があるからです。

そして、これが重要なのですが、たかだか公衆浴場の話をわざわざ性別承認法と結びつけることには、何の合理性もありません。[*9] 公的書類の性別が現実と食い違っていることに由来する社会的困難は、公衆浴場に矮小(わいしょう)化されるような話をはるかに超えています。そのことについては、これまで何度も述べてきました。これはお風呂の話ではなく、人生の話なのです。

それでも公衆浴場のことが気になるのなら、タトゥーのある人と類比的に考えてみるとよいかもしれません。現在の日本の公衆浴場では、「タトゥーのある人の入浴を禁止する」といったルールを個々の事業者が設けることが慣例で認められています（もちろんそのルールに合理性があるかどうかは考えるに値します）。しかし、「公衆浴場にタトゥーのある女性が入ると周囲の人が困惑するから」という理由で、女性がタトゥーを入れた途端に公的書類の「女」を「男」に書き換えるわけではありません。ようするに、「誰が公衆浴場に入れるか」ということと、その人の法的な性別登録をどのようにするかというのは、全くの別問題なのです。

特例法のこれから

今後についてですが、現状の「医学モデル」ではなく「人権モデル」への転換のもと、特例法の性別変更要件を全て変えるべきです。実際、諸外国では性別承認法の要件緩和が進んでいます。

例えばアルゼンチンでは、精神科医の診断なしに性別変更を可能とする法律が2012年に制定されました。このような性別承認のプロセスは、医師によって「トランスジェンダーですね」と診断されることなく、自分自身で性別変更のニーズを表明するという点で、「セルフＩＤ」と呼ばれます。それ以降、デンマーク、アイルランド、マルタ、ノルウェー、ギリシャ、スペインなどで同様の法律が制定されています。セルフＩＤ制に対しては、性別を気軽に変えられるようにすると社会が混乱する、と指摘をする人もいます。しかしそのように「気軽に」身分証を変えたとして、本当に困るのは（社会ではなく）その人自身です。なぜなら、自分の中長期的な生活実態と合わない性別へと身分証を書き換えることは、身分証を役立たずにすることであり、むしろ生活に支障をきたす行為だからです。第２章「性別移行」でお伝えしたように、性別を変えることはオセロの盤面を一つずつ地道にひっくり返していく作業です。そのうちの一つである公的証明を異なる性別に変更してみても、ほかの盤面がひっくり返せていないのでは、その人自身の望む性別を生きられるようにはなりません。「気軽な性別移行」など、現実にはあり得ないのです。

本章ではすでに、不妊化要件が人権侵害にあたるとＷＨＯや欧州人権裁判所が判断していることを紹介しましたが、そうした認識は完全に世界共通のものとなりつつあります。医学的な措置を必要とするトランスの人が、望むタイミングで望む医療を受けられるようにすればよい話であり、その進捗や希望の有無によって、その人の法的な性別承認を妨げてはいけません。欧州人権裁判所は2021年にも、（妊娠能力への影響を問わず）医学的手続きには身体への侵襲性があるため、性別変更のためという理由で望まない医学的措置をトランスに強いることは欧州人権条約に違反する、と再度述べました。そのような条件は、自分の身体を自分のものとして生きる権利（身体的統合性の権利）と、私生活や家族生活を尊重される権利のどちらか一方を放棄するよう強いるものであり、人権侵害を生みださざるを得ないという判断です。トランスジェンダーの人が自分の性別を生きる権利は、欧州人権条約における「私生活を尊重される権利」の本質的な構成要素だと見なされているのです。

こうした個別要件の緩和だけでなく、国家が法的な性別変更を認め、法的な性別承認を行うこと自体の重要性も、広く認識されつつあります。先にも述べた通り、2010年には欧州評議会が加盟国に適切な性別承認のための法律の整備を勧告しましたが[*10]、この勧告はトランスの性別承認を「権利」として認めた2002年の欧州人権裁判所の判決を受けたものでした。この勧告はまた、「虐待的な条件をそこに設けてはならない」とも述べており、加盟国は定期的に立法の状況を審査されることになっています。現在の日本の特例法は、そこで準拠されている欧州人権条約に照らせば、ことごとく落第すること間違いなしでしょう。

心配しているあなたに

さて、ここまで読んでくださった読者の皆さんのなかには、もしかすると、法的な性別を変えたトランスの女性が女性スポーツに参加することで競技の公平性が損なわれるのではないか、女性刑務所の性犯罪のリスクが上昇するのではないかと、心配している人もいるかもしれません。もしそうであれば、そのような架空の混乱を心配するより前に、やるべきことは山ほどあります。

男子アスリートよりも社会的注目や賃金が圧倒的に低い女性アスリートの状況や、女性アスリートに対するコーチからのハラスメント、暴力。また健常な白人男性をモデルとして競われるべき身体能力が規定されてきたスポーツの公平性。「男らしさ」やナショナリズムを称揚する目的で営まれてきたアマチュアスポーツの歴史。あるいは刑務所ですでに起きている看守による囚人への加害、そして労務を強いられるにもかかわらず労働者としての権利は認められない受刑者の状況。人種による収監率の圧倒的な違い。刑務所が「産業」として生みだす利益（産獄複合体）……。もしあなたが、女性アスリートや女性受刑者の生活や権利に関心を持つのなら、たかだか人口の0・1%[*11]ほどのトランス女性が生みだすと恐れられている架空の混乱よりも、こうした諸問題にエネルギーを傾けるとよいでしょう。それらはほかでもなく、スポーツや刑務所を取り巻く、現実の問題だからです。

それでもスポーツの公平性にどうしても興味が湧くのであれば、先ほどの公衆浴場の例と同じように考えてみましょう。もし仮に、ある種のトランス女性がトップアスリートとして競技に参加することが不公平だという主張に妥当性が生まれる場面があるのだとしても、[*12]それが法的な性別変更と何の関係があるのでしょうか。繰り返しますが、トランスジェンダーの法的な性別承認は権利の問題です。そうした人権の問題を話しているときに、すぐに公衆浴場やスポーツなどの局所的な場面の話が持ちだされることに、トランスの人たちは本当にうんざりしています。それらは、それぞれ事業者や団体が個別運用の次元で対応すべきことであり、性別承認というトランスの人権の話とは次元が違います。どうか、本当に話すべきことを見失わないでください。

ゲートキーパーとしての特例法

これまで特例法の規定には多くの問題があることを確認しましたが、日本の一部のトランス当事者には、特例法の5要件（6要件）を尊重すべきだと考える人もいるようです。しかし、そこで定められている要件やその解釈は変わり得るものであり、特例法は性別のあり方を決める絶対的な基準ではありません。なかには特例法の要件を「おのずから」満たす人だけが「本当のトランスジェンダー」であり、そうした「本物」だけが性別を変える資格があるのだと主張する人もいるようですが、とてもナンセンスな主張です。

実際、2003年に特例法が制定されたときでさえ、「もっと良い法律が制定されるまで先送りにすべきではないか」「いや、現時点でベストではなくても法律の制定が先だ」と考える人たちで、意見が分かれました。[*13] また2008年に子なし要件が「現に未成年の子がいないこと」に改正されたことや、2022年に「未成年」の年齢が引き下げられたことからも分かるように、基準は変わるものです。こうして内容が変わるたびに、今度はその要件を満たしている人だけが「本当のトランスジェンダー（性同一性障害）」になるのなら、ずいぶんと恣意的な基準と言うほかありません。

少し厳しい想像になりますが、例えば外観要件は、その解釈次第でトランス男性に陰茎形成を強いる運用となっていたかもしれませんし、今後そうなるかもしれません。もしそうなったら、すでに陰茎形成なしで戸籍変更を済ませたトランス男性は、（本物ではないので）戸籍を「女」に戻すべきなのでしょうか。

法律は、その時代に権力を持っていた人間が作るものです。だからこそ法律はより良いものへと変わっていく必要がありますし、また変えることができます。そうして変わりゆく法律に誰が本物のトランスジェンダー（性同一性障害）なのかを決定するゲートキーパーの役割を任せるのは、トランスたちを分断し、互いの尊厳を傷つけるスタンスです。

特例法は、加えてもう一つの仕方でも「ゲートキーパー」の役割を果たしています。というのも、身分証の性別を変えるための「合法的な」ルールがこのように定められたことは、逆説的に、トランスたちに一律の新しいルールを強いる結果を招き、人生のレールを決めてしまうことにすらなったからです。

２０００年代初頭、男女平等・ジェンダーフリーに対する国家ぐるみのバックラッシュが激しく渦巻いていた時代にこの特例法ができたことは、確かに革新的なことでした。文字通り命を救われた当事者は少なくないでしょう。しかし同時に、特例法ができる以前にも、わずかではあれ戸籍変更を達成してきたトランス的な人たちが存在していた事実を、私たちは忘れるべきではありません。かつては「性同一性障害」の診断の代わりに「インターセックス（性分化疾患）」的な身体状態であるという理由を用いたり、純粋に「誤記」

の訂正を求めていたようですが、社会生活上の性別を移行したトランスたちが、それぞれ市役所などで「生まれたときに身分証に登録された性別が間違っている」と訴えることで、戸籍の変更を個別に交渉してきた裏歴史も、この国にはわずかながら存在しています。しかし、特例法が成立して「合法ルート」ができたために、戸籍の性別変更のためには特例法だけが唯一の「正解」になりました。逆に言えば、特例法に則らないと性別変更ができなくなってしまったということです。[*14]

この章では、性別承認法の制定が重要であることも確認してきました。そのため、これから特例法「以前」の時代に戻ることは現実的ではありません。しかし、社会におけるより良い性別承認のあり方を考えるとき、特例法以前に行われてきたようなさまざまな交渉の歴史を振り返ることは、現代を生きる私たちにも重要な示唆を与えるはずです。

戸籍自体の問題

本章ではこれまで特例法について詳しく確認してきました。しかし、これがそもそも戸籍に記載された続柄（次女、長男など）の訂正に関わる法律であることについては、私たちは立ち止まって考える必要があります。というのも、基本的には誰かと婚姻している

「戸主」を基準として、その「戸主」との続柄（妻、長男、三女など）を記録する「戸籍」（英語では family register）制度自体が、かつての明治民法における家制度の残滓にほかならず、そもそも不必要な制度だとも言えるからです。実際、行政上のほとんどのサービスは戸籍ではなく住民票に従って提供されていますし、住民票に相当する住民登録とは別に、国家がこうして「家族」を管理する体制は、世界的にも極めて例外的です。また異性愛を前提として「婚姻している夫婦のうち一人を戸主とし、未婚の家族をそこに入れる」という戸籍制度は、個人の尊重や平等権から見ても、いびつな発想と言わざるを得ません。

トランスジェンダーの話に戻ると、現状では戸籍に登録された氏名や続柄（性別）を修正すれば住民票も修正することが許され、免許証などもまとめて書き換えることができますが、戸籍と住民票を必ずしも連動させることなく、住民票の登録情報を訂正するだけで免許証や保険証の訂正が全て完結するようになれば、それに越したことはありません。実際のところ、出生証明書や車の免許証、身分証明（ID）など、それぞれの公的書類ごとに異なる性別変更のルールを定めている国や地域は存在します。全てを戸籍の情報と厳密に揃えることには、必然性がないのです。

戸籍制度には幾多の問題が指摘され続けてきましたが[*15]、トランスジェンダーもまた、戸籍制度そのものに苦しめられてきた集団の一つです。今後、日本においてより良い性別承認法のあり方を考えるにあたって、こうした視点は決して無視してはならないでしょう。

同性婚

特例法の次は、同性婚の話です。しかし、なぜ民法の同性婚（の禁止）がトランスに深く関わるのかと疑問を持つ人もいるかもしれません。同性婚はＬＧＢの問題であり、Ｔには関係ないのではないか、というわけです。しかし実際には、同性婚が成立していない現状は、トランスの生にも大きな影響を与えています。

第一に、先に見たように特例法の要件に関係するからです。同性婚が成立すれば、非婚要件は自動的になくなります。実際にスコットランドでは、以前は日本と同じように非婚要件が存在していましたが、同性婚の実現に伴って撤廃されました。

第二に、トランスジェンダーの人には異性愛者でない人が多いからです。米国の調査[16]によれば、トランスジェンダー全体のうち異性愛者の割合はたったの15％でした。はっきりと異性愛者である人のほうがマイノリティなのです！　また2万人以上のトランスの人を対象にしたヨーロッパの調査でも、[*17] トランスジェンダーの89%が自分を「非ヘテロセクシュアル（異性愛者ではない）」と回答しました。ただし注意すべき点として、これらの調査には多くのノンバイナリーが含まれています。ノンバイナリーの人にとっては、シスの人たちが行っているような「同性」や「異性」の区別は、自分に適用できない区別になることがありますから、「異性愛」というラベルがしっくりこない人が多いのも当然です。世の中に満ちている「女性なら男性を好きになる」「男性なら女性を好きになる」といった異性愛規範は、ノンバイナリーの人にとって一般に疎外感を与えるものとなっているのです。

ただ、そうしたノンバイナリーの回答者の多さを差し引いたとしても、シスに比べて非常に多くのトランスたちが「異性愛者ではない」というのは事実です。つまりトランスの人のなかには、同性パートナーとの婚姻関係を必要とする人も多いのです。LGBとTが違うというのは、概念的には正しいかもしれません。しかし実態としては、そんなにLGBTのコミュニティは簡単に分かれていません。

話を同性婚に戻せば、問題はただ一つ。異性間のパートナー関係だけを国家が承認し、そこにおびただしい権利を与えている一方で、それ以外のパートナーシップからはそうした承認や権利が奪われているという現状にあります。そのため同性婚ができるようになり、「結婚の自由が全ての人に」与えられれば、その利益はトランスコミュニティを含む全ての人に及びます。

もちろん、そもそも婚姻制度が偏った利益・不利益をもたらす以上、婚姻制度自体がなくなって然(しか)るべきかもしれません。しかしそうした婚姻制度の廃絶のためにも、まずは婚姻平等の推進というかたちで、圧倒的な不均衡が（単婚）異性愛とそれ以外のあいだに存在するという現実を問題化していくことは有益に違いありません。

差別禁止法

日本では、日常生活においても制度的な面でも、性的マイノリティに対する差別が存在し続けています。その原因の一つは、差別を禁止する法律が存在しないことにあります。「差別を禁止する」という当たり前のことすら法律で決めることができず、あたかも差別自体が存在しないかのようにされてきたのです。これは、人権規約の14条「差別の禁止」においてジェンダーアイデンティティに基づく差別が禁止されている欧州とは、正反対の状況です。

実は、2021年には日本の国会でもLGBT差別禁止法・差別解消法の制定に向けた動きがありました。[*18] しかし「LGBT差別解消法」などの名で性的マイノリティへの差別を社会からなくすための法律を作ろうとした野党に、与党自民党が強硬に反対し、「法律で差別を禁止すると、行きすぎた差別禁止に繋がるため、まずは理解を高めよう」といった曖昧な主張が繰り返され続けました。結局、「差別禁止法」も「差別解消法」も成立の見込みがなく、野党も最終的には「LGBT理解増進法」の制定に向けて、与党自民党と協同していくことになりました。「差別は許されないとの認識」を背景に、LGBTについての知識の普及（啓発）を公的機関の力も使って進めていこう、という内容です。こうして一度は与党を含む超党派の国会議員連盟で合意された「LGBT理解増進法案」ですが、その後の自民党内の会合で異論が噴出し、法案は国会に提出されることなく葬られました。

超党派の合意を踏みにじった自民党内の会合では、「差別の内容が分からない」「訴訟が多発する」などの意見が出たほか、「道徳的にLGBTは認められない」「LGBTは種の保存に背く」といったド直球の差別発言を披露した議員もいました。[*19] まさにこういうことを言って当事者を差別する人がいるからこそ差別禁止法が求められていたのですから、笑えない皮肉です。なお、この法案が自民党で取りざたされる過程では、自民党の山谷えり子議員によるあからさまなトランス差別発言もありました。[20] 結果としてこの一連の騒動は、この国の性的マイノリティが置かれている状況の酷さを際立たせるだけのドタバタ劇に終わりました。なお自民党は、2021年の衆院選には選挙公約に記していたLGBTに関する議員立法の記述を2022年の参院選では削除しています。[21]

性的マイノリティに限らず、日本にはさまざまなマイノリティ集団に対する差別の禁止を定めた法律がほぼ存在しません。2013年に制定された障害者差別解消法はその数少ない例外ですが、諸外国にあるような包括的差別禁止法を可能な限りすみやかに制定する必要があります。例えば英国では、平等法（Equality Act）において性別や人種を理由とした差別の禁止を定めており、そこで保護される属性のなかにはトランスジェンダーも含まれています。なお同様の法律は、いわゆる旧東側諸国にも存在します。例えばクロアチアには2008年以来の反差別法があり、人種や言語、宗教に基づく差別の禁止と並んで、性的指向やジェンダーアイデンティティ、ジェンダー表現に基づく差別の禁止も明記されています。こうした包括的な差別禁止法があれば、就職や就労、就学にあたってトランスジェンダーが差別される機会も減るはずですから、「ＬＧＢＴ差別禁止法」あるいは包括的な差別禁止法の制定は急務です。

本書ではこれまで、第３章で総体的な差別の実態を、第４章では医療と健康の状況を、そして第５章ではトランスの生活に密接に関わる法制度を見てきました。こうして順序を踏むことで、日本のトランスたちが置かれている厳しい状況が、少しずつ読者の皆さんに伝わったのではないかと信じています。しかし、誤解しないでほしいことがあります。トランスジェンダーは、ただの「可哀そうなマイノリティ」ではありません。トランスたちは、自ら行動し、世界を変えるために運動を積み重ねてきましたし、これからもそうして世界を変えていくことでしょう。

続く第６章では、そうした社会変革のビジョンをフェミニズム（女性運動）と男性学、そしてノンバイナリーの政治と重ねつつ、簡潔に提示したいと思います。

第6章　フェミニズムと男性学

これまで、トランスジェンダーの置かれている差別的な状況をさまざまな角度から見てきました。この第6章では、トランスたちがいかに世界を変えることができるか、いかに世界を豊かにすることができるのかという希望について扱います。本章では特に、そうしたトランスたちの試みのなかから、フェミニズム（女性運動）や男性学、そしてノンバイナリーの政治（ポリティクス）と重なる部分、すなわちジェンダーの政治としての側面を論じていきます。

フェミニズム

本書をここまで読んできてくださった方には、トランスジェンダーたちが何を求めているか、ある程度お分かりいただけたと思います。これまでの本書の内容を想起しつつ、改めて具体的に挙げてみましょう。

・身体の自律性を持つこと。身体の統合性を侵害されないこと。
・性と生殖について自己決定権を持つこと。
・路上で暴力を振るわれないこと。
・家庭内暴力を振るわれないこと。家庭から逃げたとき、安全なシェルターがあること。
・出生時に登録された戸籍の性別（続柄）に人生を縛られないこと。
・どのような服装や身体の状態であっても、差別を受けないこと。
・女らしさ、男らしさを押しつけられないこと。
・必要なヘルスケアに、なるべく公的保険によってアクセスできること。
・医療者からハラスメントを受けることなく、安心して医療を受けられること。
・どのような人と親密な関係を築いても、国家からその関係を不当に扱われないこと。
・自分が生きていける物語を手に入れること。自分たちの正しい姿がメディアで伝えられること。

・プライベートを詮索されず、個人情報を守られること。勝手にそれらを暴かれないこと。
・安全な環境で働けること。職業で差別されないこと。
・意思決定権を持つ人たちに自分たちの声を無視されないこと。意思決定プロセスから排除されないこと。
・平等に教育の機会を得ること。
・過剰な男女二元論をやめること。どこでも性差が意味を持ちすぎる現状や、その背景にある家父長制がなくなること。

どうでしょう？　これらの要求は、フェミニズムが歴史的に求め、また部分的に獲得してきた権利や正義と幅広く重なっています。フェミニズムとトランスジェンダーの政治は、対立するわけでも、バラバラに存在するわけでもなく、密接に関わっているのです。ここではさらに、そうした幅広い重なり合いのなかからいくつかのトピックを選び、それがどのように互いの運動を活発化させることになるかを見ていきます。

過少代表

第1章で見たように、トランスの人口は全人口の1%にもはるかに届きません。つまり、社会のさまざまなルールを作ったり、何かを決定する場面にトランスの人が参加している確率は極めて少ないのです。にもかかわらず、シスの人たちにとって都合よく作られた法律や制度によって、トランスの人たちは自分の生存を縛られることになります。前章で扱った特例法などは、まさにその典型です。

ここには、社会の重要な決定を下す権限を持つ地位にトランスジェンダーがいないことで、ますますトランスたちの社会的状況が悪くなり、結果としてそうした権限を持つ地位にたどり着くトランスの人が増えず、そのためトランスを無視した社会がそのままにされる……という悪循環があります。

こうした悪しき状況を「過少代表」と呼びます。現実にはトランスの人たちも少ないながらすでにこの社会に生きているのですが、いざ会社の決まりを作ったり、自治体の条例や国の法律を作るときには、そこにトランスの存在が見えなくなってしまい、自分たちの声を「代表する」人たちが「少なすぎる」という問題です。

こうした過少代表の状況を変えていくためには、トランスの人たちが社会参画を進め、場合によってはアファーマティブアクション（積極的に格差を是正する取り組み）などを通じて、意思決定プロセスに関わる人々の属性やアイデンティティに偏りが生まれないようにする必要があります。現状では、シス男性がその意思決定の権力のほとんどを独占しているので、何よりもこの状況を是正する必要があります。

ところでこれは、まさに（リベラル）フェミニズムが歴史的に問題化し続けてきたことにほかなりません。社会において重要性を有する法律や政策がシスの男性だけの手で作られる一方、その影響は女性たちにも降りかかります。そうして男性目線で常に作られてきた法律や制度・政治によって、女性たちの社会進出はますます遅れ、結果として女性たちがいつまでもそうした意思決定の権力を奪われるという悪循環が、この国にも存在し続けてきました。そしてその状況はいまだに変わっていません。分かりやすい例として国会議員のジェンダー差を見てみると、2022年12月現在、参議院議員に占める男性の割合は74・2％（4人に3人）、衆議院議員に至ってはなんと91・1％（10人に9人）です。このなかにはトランス男性も含まれているかもしれませんが、国会議員というのはどうしても経歴が明らかになりやすい職業ですから、ほぼ間違いなく、これら大量の男性議員の全員がシス男性です。

こうして、過少代表をめぐるトランスの要求とフェミニズムの要求は重なることになります。社会の多くの人に影響を与える、重要な意思決定の場面をシス男性がアンバランスに占め続けている状況を、一緒に変えなければならないのです。

しかし、ここにあるのは単なる目標の一致ではありません。つまり、トランスジェンダーとフェミニズムと、二つのバラバラの社会運動があって、たまたま敵が同じだった、というだけには留(とど)まらない関係があります。

注目すべきは、フェミニズムがこうした過少代表の問題を解消する際の留意点、すなわち女性たちのあいだの差異です。例えば欧米社会において、経済的に恵まれた家庭出身の白人の異性愛者女性だけが企業の上役に就いたり、議会の議席を取ったりしたところで、それだけでは女性たちの大多数を占める労働者階級の女性、あるいは人種的・民族的マイノリティの女性たちの状況は良くなりません。不公正な仕組み自体が変わらなければ、高い地位を獲得できたごくわずかな女性も、ほかの男性たちと同じように、より弱い立場にいる女性に対する抑圧者になることがあります。日本の状況に置き換えるなら、日本人・日本民族の、健常な、都会生まれで大学を卒業している、異性愛者のシス女性、という感じでしょうか。

それゆえフェミニズムは、たとえ「数」を問題とするときであっても、女性間の差異に目を配り、全ての女性たちにとってのより良い決まりや政策を求めていく必要があります。意思決定の機会を公平にする、独占された権力のバランスを正すというのは、単に「地位の高い女性の数が増えればよい」という話ではないのです。

そうして考えていくとき、トランス女性をフェミニズムが置き去りにしてはいけないことは明白です。何度でも強調しますが、女性のあいだにも差異があります。地方の貧しい家庭に生まれた人もいれば、都会生まれで幼いころから塾に通い、私立の中高一貫校を卒業するような人もいます。生まれたときからずっと女性として生きてきた人もいれば、出生時に登録された性別が「女性」ではなかった人もいます。こうした差異が存在するという事実、「女性」が決して一枚岩でないという事実を無視してはいけません。つまりフェミニズムがフェミニズムであるためには、必然的にトランス女性が抱えている課題を共に女性の問題として考え続ける必要があり、また逆にトランス女性たちによる女性解放の訴えは、フェミニズムを間違いなく豊かにするのです。

ジェンダー規範

さらに別の例を挙げます。この社会には「女性はこうするもの」「男性はこうするもの」

という「性別らしさ」の規範・ルールが存在していますが、そうした「性別らしさ」が少しでも緩やかになる社会を、トランスジェンダーは望んでいます。なぜなら、それは次の二つの理由で、トランスの人々を苦しめるものだからです。

第一に、性別移行前のトランスたちは、出生時の性別らしく生きるよう強制されることでつらい思いをします。ゆくゆくは女性へと性別移行していくような子どもの髪を強制的に短くしたり、男らしくないなどと叱責したり、人前でもパンツをさらけだして着替えるのが当然だと強制するといったことは、もはや虐待そのものです（もちろんそのいくつかはシスの男の子にとっても虐待的です）。

第二に、性別移行を志してからも、トランスの人々は移行後の性別らしく生きるように重圧を受け、それが生活をするうえでの支障になることがあります。例えば、女らしさの押しつけをようやく脱してきたトランス男性に対しては、今度は「男でありたいなら、男らしくしなさい」と、また別の「らしさ」が求められます。こうして求められるジェンダーの規範（女性はこういうもの、男性はこういうもの）は強固であり、極めて窮屈なものです。しかし、性別を変えていくトランスたちにとっては、シスジェンダーが勝手に作り上げた狭い基準に収まることでしか自分の正しい性別で生きていくことが許されないのですから、そうした基準に自分を適合させるために必死の努力をすることになります。男らしくしていないと、単に「男らしくない」と責められるだけでなく、「男ではない」と人格を丸ごと否定されてしまうトランス男性がいます。もちろんトランス女性も同様です。そうした人格否定の恐怖を恐れて、シスの人たちが作った性別らしさの基準に自分たちを押し込めていくトランスジェンダーの苦しみを、想像したことがありますか?

この社会に強固に存在する「性別らしさ」の規範がもっと緩やかだったら、きっと多くのトランスにとってもそれは望ましいことです。トランスたちは、シスの人たち以上に、そうした「らしさ」の強制に苦しめられているのです。

フェミニズムにとってもまた、「女らしさ・男らしさ」の強制に抗うというのは重要な課題であり続けてきました。皆さんもそのことはよくご存じだと思います。男の子には、活発で、リーダーシップを振るうことが許されますが、女の子には、自分の意見を表に出さず、男子の裏でサポートするような役割が期待されがちです。これは女性たちの人生の可能性を狭める文化・規範にほかならないわけですから、性差別の問題です。こうして、女性に不利益をもたらす「性別らしさ」の圧力を社会から少しでも減らしていくというフェミニズムの目標と、トランスジェンダーが求めることは合致していることになります。

ここでもしかし、フェミニズムとトランスジェンダーの関係はそれだけに留まりません。なぜなら一部のトランスたちは、自身の体験を通して、シスの人が知らない「ジェンダー」の秘密を知っていることがあるからです。

その代表例は、「女らしさ」や「男らしさ」の基準と適用が、実はとても曖昧で、ときに馬鹿らしいものですらあるという事実です。例えば、次のような経験をするトランス女性がいます。ある日、その女性は会社の同僚たちと女子会に参加していました。そんななか、会話の流れから上司がその女性がトランスであることをみんなにアウティングしてしまいます。その結果、一緒に女子会に参加していた同僚たちは、急にその女性の手の大きさや背の高さ、声の低さや声質が気になり始めます。そして、その女性がトイレに行っているあいだに、「やっぱり女性にしては背が高すぎる」「手が大きすぎる」「コミュニケーションが合わないと思った」などと品評し始めるのです。

なんて酷い人たちでしょう。しかし、実際にはよくあるケースです。そしてまた、奇妙なことだと思いませんか？　その女性の姿や言動は、アウティングの前後で変わっていません。しかし突如としてその女性には「トランス女性っぽさ」や「男らしさ」が「発見」

されていくのです。

こうしたトランスの体験から分かるのは、私たちが他者のなかに見いだす「女らしさ」や「男らしさ」の違いは、恣意的に運用され、都合よく当てはめられたり当てはめられなかったりしているということです。さっきまで「女性的で綺麗な手」として褒められていたものが、トランスだと知られた途端に「ごつごつした男性的な手」として品評されたりするのですから、馬鹿げた話です。

シスの人にはなじみのない、こうした奇妙な経験をするために、トランスたちは「性別らしさ」についての特別な知識を持っていることがあります。そうしたトランスの知恵は、性差が社会において持つ意味や、その機能の仕方を解明しようとするフェミニズムにとって、大きな貢献をするはずです。

加えて、フェミニズムがフェミニズムとして「女性らしさ」を問題にするときにも、トランスの状況は無視できません。「女性らしさ」との格闘ひとつとっても、やはり女性たちが置かれている状況はさまざまだからです。

例えば欧米において白人女性に期待される「（白人女性の）女らしさ」と、非白人女性に許される「（非白人女性の）女らしさ」は同じではありませんでした。家庭のなかに専業主婦として閉じ込められるという、第二波フェミニズムにおいて女性たちの共感を広く集めた「名前のない問題」は、同時代の黒人女性の多くが労働に従事していたことを踏まえれば、「白人女性の問題」だったということです。

また、日本においてもそうですが、健常な女性に期待される「女らしさ」と、障害のある女性に期待される「女らしさ」はしばしば違います。いまだに、障害のある女性が性や恋愛の主体となることを理解できない社会規範は強く存在するため、障害のない女性たちに降りかかる結婚・出産への圧力を、障害のある女性は同じように経験しないことがあります（それが単に幸福なことだと言いたいわけでは決してありません）。

トランス女性についても事情は同じです。残念ながら、トランス女性だけに強いられる「女らしさ」が存在するからです。例えばシス女性が髪を短くしても「かっこいい」などと許容されるところ、トランス女性が短髪にすると「男みたいだ」とミスジェンダリングされ、差別を受ける確率が跳ね上がります。トランス女性には、シスの女性以上に狭く、偏った「女らしさ」が期待され、実質的に強要されているのです。

そのためフェミニズムが「らしさ」と闘おうとするなら、女性たちの置かれている状況の違いや、それぞれに強いられ、許容されている「女らしさ」の違いに目を凝らす必要があります。実際そうして、フェミニズムはときに失敗も繰り返しながら、「らしさ」の規範の多種多様性に目を凝らし、多様な女性たちで共に歩もうと努力を積み重ねてきました。逆に言えば、トランス女性の身長の高さや声の低さをあげつらって「男みたいだ」などとジェンダー規範を押しつけ、固定化するような行いは、とても反フェミニズム的だということです。[*1]

リプロダクティブ・ライツ

最後の例は、「リプロダクティブ・ライツ（生殖の権利）」です。本書の第5章で述べたように、これまで世界中のトランスたちが性別承認法の不妊化要件の撤廃のために闘ってきました。現在の特例法が依然としてそうであるような不妊化の一律強制は、ド直球のリプロダクティブ・ライツの侵害です。

今、リプロダクティブ・ライツという概念を使いましたが、このトピックについて考えるときに大切なことは、これが中絶や避妊のような「子どもを持たないことを選ぶ権利」だけに関わるものではない、ということです。なぜならこの概念は、「子どもを産むにはふさわしくない」という理由で、本人の意に反して不妊化させられてきた女性たちの状況を変えるためにも求められてきた「リプロダクティブ・フリーダム」という言葉や発想を背景としているからです。[*2]

例えば米国では、１９００年代初頭から政治的な目的による不妊手術の強制がはびこり、有色の女性や貧しい女性がそのターゲットにされました。[*3] 日本にもかつて優生保護法という法律があり、「不良な子孫を生む」という悪質なレッテル貼りのもと、障害のある人々や、障害があるとされた人々に不妊化が強いられました。１９９６年まで存在した優生保護法による不妊化の被害を受けた被害者のうち、その７割は女性です。[*4]

リプロダクティブ・ライツという概念には、子どもを持たない権利だけでなく、意に反して不妊化を強いられない権利や、子どもを持つ権利、安全に子育てをする権利が含まれます。[*5] そして、そうした権利を求めて立ち上がってきたのは、フェミニストたちです。歴史的には、例えば米国では「産まない選択」だけを重視するフェミニズムに対して、有色の女性や障害のある女性が異を唱え、内部批判を積み重ねてきた経緯もありますが、そうした内部批判を通じて、「不妊化されない権利」や「安全な子育てをする権利」は、まぎれもなくフェミニズムの中心問題へと高められてきました。[*6]

誰が子どもを産んでよく、誰が子どもを産んではいけないのか――その決定権が国家の手に握られている状況は、間違っています。意に反する不妊化を強いられてよい人などいません。フェミニズムの歴史は、私たちにそう教えています。性別承認のために子宮や卵巣、精巣の摘出を強いられているトランスの状況を変え、トランスの生殖の権利を守るために立ち上がることは、まさにフェミニズム自身の課題でもあるのです。

以上、三つのテーマに沿って、フェミニズムとトランスの政治には重なり合う目標があること、それどころかフェミニズムがフェミニズムであるためにはトランスの課題を必然的に考えざるを得ないことを紹介しました。

男性学

さて、フェミニズムが既存のジェンダーのシステムに異を唱えたことで、マジョリティとして透明化されてきた男性自身も、男性が優位だと見なされてきた社会について考える機会を得ました。日本では1980年頃に男性運動が盛んになったといえるでしょう。[*7]いくつかの関連書籍が出版され、1991年にはメンズリブ研究会が発足しました。

まず、男性学の意味を確認しましょう。男性学とは、これまで「人間」として自明視されてきた「男性」をジェンダー化された存在として捉え、男性性が社会的にどう構築されているのか多角的に考える学問です。つまり社会や文化によって「男性」や「男らしさ」の定義も変わっていくのが前提であり、社会全体やフェミニズムで想定されるほどには「男性」側も一枚岩ではなかったわけです。また男性学は、男性が持つ社会的・制度的な特権性を振り返るだけでなく、男性が抑圧された経験や、男性内の差異や多様性を考えるきっかけにもなりました。

いったい「男性」とは何でしょうか。本書の第1章にさかのぼってみれば、トランスの子どもには「性別らしさ」が強いられているのでした。ここからすぐに推測できるのは、「女の子は女の子らしく／男の子は男の子らしく生きなさい」という課題は、シスの子どもにも同様に押しつけられているということです。つまり、男の子として生まれ、男の子らしく育てられた人は、特定の「男の子らしさ」を身につけて大人になっていくのです。例えば高度経済成長期のサラリーマン像を見れば、「欧米に戦争で負けたけれども経済では負けたくない」という競争心が、当時の「男らしさ」の一端を担っていたと考えられます。1990年代には男らしさに「優越・所有・権力」[*8]志向があるのではないかと指摘されましたが、当時はサラリーマンとして長年勤める男性や、異性愛者であり妻子のいる既婚男性が前提とされていました。こうして「男らしく」あることと、「男性」であることは同じでないとはいえ、ほとんど同一視して語られてきました。

やがて21世紀に入るころには、新しい展開が見られることになります。インターネットの発達や階級格差の拡大を受けたことで、権力志向とはほど遠いところにいて苦しむ男性たちの「生きづらさ」が着目される機会も増えたのです。一言で「男性」といっても、かつての働き方や核家族というかたちは、もはや標準とは言えなくなってきました。

ここで、男性学にトランスジェンダーの視点を取り入れてみたらどうでしょうか。これまで「男らしさ」として当たり前に考えられてきた諸要素には、偏りがありました。ようするに、「覇権的な男性性[*9]（hegemonic masculinity）」と呼ばれる支配的な位置づけの男性性や、表立っては権威を誇示せずとも家父長制から利益を得ている「共謀的な男性性（complicit masculinity）」のような男性性が自明視されていたわけです。

しかし、トランスジェンダーの経験を参照すれば分かるように、男らしさから距離を取ったりそこから排除されてきたりした男性もいます。その人がトランスであろうとシスであろうと、男らしさの規範があると、かえって男性として生きていくことは不当に難しくさせられることがあるのです。それだけでなくトランスジェンダーの存在は、いかにして「男性」や「男らしさ」が社会的に作られてきたのか、暴く際のヒントにもなります。

ここでトランスジェンダーというとき、単にトランスジェンダーの男性を指すだけでなく、男らしさの規範に苦しめられるトランス女性やノンバイナリーのあり方から必要な視点を得ることもできるでしょう。理由の一つとして、幼少期における男らしさの強要は、出生時に男性を押しつけられてきたトランス女性やノンバイナリーにとってとりわけ苦しいものだからです。教育現場では短髪を強制されたり、上半身裸の水着着用や殴り合いの騎馬戦が行われることがあります。「男の子らしくしなさい」と保護者（親）や先生から怒られたり、同級生からは「男らしくない」といじめられることがあります。男の子は女の子とコミュニケーションしないものだ、という「男らしさ」規範があるせいで、本来そちらに帰属意識があるかもしれない女子集団から引き離されてしまうこともあるのです。だから男性学的な研究が、そうしたトランス女性やノンバイナリーにも直接的に関わってくることがあり、逆に、男性学がそうした境遇のトランスたちから課題を見いだすことも可能です。

前提として、男性学はシスの男性だけに限ったものではないのですから、「男性」や

「男らしさ」という規範に抗う当事者なら、関わる必然性もあるでしょう。今でいうトランス女性的な人たちのなかには、男性学やメンズリブに関わってきた人もいるのです。しかし、ここだけ見て「では、トランス女性は、多様な男性という解釈でいいのでは？」と勘違いしないようにしてください。そこで用いられる「男／女」に、はなからシスジェンダーの男女しか想定していないのであれば、シスとは異なるあり方でトランスの人々が「男／女」を捉えてきた視点を都合よく抹消してしまいます。

もちろんトランス男性も、男性学のなかで語られるべき男性の一員でしょう。シス男性と同様の困難を抱えることもありますし、トランス男性特有の困難もあり得ます。

シス男性と重なり合う困難としては、好ましい男性像が限定的であることによって、低身長であることや（テストステロンの影響で）頭髪が薄いことが否定的な印象になるといった問題があります。トランス男性が精子を持たないことは、シス男性の不妊症と重なります。トランス男性を法的な「父」として認める事例からは、従来の家族システムにおける「父親」の位置づけをシス側が問われているとも見なせます。[10]

内面的にも、同様です。トランス男性のなかには、シス男性以上に「男らしくいなければ男として認められない」という切迫感を持っているために、その時代や地域における

「男らしさ」に適応的な人もいます。トランス男性もまた、社会における「男らしさ」の規範から影響を受けているのです。ただ、昨今賞賛される男性性は「男らしさを手放してもいいんだよ」というアプローチを伴い、従来では「女らしい」と見なされた性質が歓迎される場合もあります。すると今度は、「女らしさ」の抑圧から脱してきたトランス男性にとって、そうした「女らしさ」の歓迎は本人が志向する男性のあり方との矛盾を生むかもしれません。

また、経済的に困難な状況に置かれる男性や貧しい男性に対する風当たりの強さは、シス男性とトランス男性に共通の困難と言えるでしょう。男性が働き続けて稼ぎ手役割を担うというイメージは、賃金給付のシステムによって戦後に賞賛され始めた像に過ぎないにしても、あまりに強い力を持つため、そうではない男性に疎外感をもたらします。日本政府は1985年に「男女雇用機会均等法」を制定する一方で、同年、「年金における第3号被保険者制度」と「労働者派遣法」も制定しました。表向きは「女性も、男性と同等に働けるようになりましたよ」と見せかけておきながら（ここでも健常者のシス男性が標準とされています）、実際には女性が働きすぎずに、専業主婦として家庭で無償労働をするか、低賃金の派遣労働者となることを推奨するという、ちぐはぐな法制度です。これが女性差別であるのは当然として、そこでは相変わらず男性が働き続けて大黒柱となるように強いられています。トランス男性に限って言えば、本書で述べてきたように貧しい人が多く、正規雇用に就きづらいという問題があるので、こうした稼ぎ手役割のイメージが男らしさとセットで語られることは好ましくありません。

ほかの例として、男性の身体の扱われ方を挙げます。女性の身体を価値のある商品と見なして消費する一方で、逆に「男性の身体なら雑に扱ってもいいだろう」という風潮があることは、シス男性にとってもトランス男性にとっても、不都合なことです。男性が自分自身の身体を大切にできないだけでなく、他者に対しても加害的な扱い方をするように方向づけてしまいます。こうした偏った認識があると、望ましい身体改変を行っていないトランス男性にとっては、触られたり見られたりした挙げ句、トランスであることが暴露される危険性に繋がります。望んでいる身体改変を経てきたトランス男性にとっては、せっかく命がけで改変してきた大事な身体を粗末に扱われるという、男性の身体を見下げた待遇に不服を抱くかもしれません。シス男性として長年生きていると、男性である自分が雑に扱われることに慣れてしまうのでしょうが、最近の若いシス男性のなかには「女性清掃員が男性用スペースに入ってきて、排尿や着替えを見られるのは嫌だ」と主張する人もおり、身体への意識は変わってきているようです。男女別のスペースにきっちり分けたうえでその環境を整えるのが良いとは一概に言えませんが、男性においても世代間の差異が生まれていること、トランス男性の視点と似たシス男性の問題提起もあることは注目に値します。

このように、トランス男性がすぐさま「賞賛されている男性像」に合致しづらい状況は、強者として想定されがちな覇権的な男性性やその類型よりも、社会的な弱者男性、あるいは、無視されるか都合よく語られるだけであった「周辺化された男性性（marginalized masculinity）」にトランス男性という存在が近いことを示しているでしょう。

こうした男性内における不平等は、単純に男女で比べるだけでは見えてこないことかもしれません。というのも、社会そのものが「男性」に優位に構築されていることは確かだからです。データを見れば、女性の賃金が１００のとき、男性は約１３３も得ています[*11]。指導層や審査層を占めているのは圧倒的に男性です[*12]。評価するときも、男性の基準が優先されます。社会的なマイノリティに焦点を当てるときでさえ、同じ境遇のなかでは女性より男性が標準とされ、可視化されやすい傾向があります。スポーツ競技はナショナリズムや軍隊への賛美と結びついてほとんど男性で独占されてきましたが、今でも男性中心主義を抜けでていません。

現在の女性差別的な社会では「社会は男性に優位にできて」いますが、しかしながら、そこで標準として認められる男性だけでは、困難な状況下にいる男性のことを考えるには不十分だということも、トランスの視点を通せば具体的に見えてくることです。同じ「男性」であっても、世襲制で政治家になるような裕福な男性が決定した政策が、シングルファーザーや地方の貧困層の男性、戸籍を持たない男性たちに対しても役立っているとは言えないかもしれません。自動車のサイズがシス男性の標準的な身体に合わせて作られていたとしても、その標準サイズから外れたトランス男性や障害のある男性、外国ルーツの男性からしたら、「自分向けに作られていない」と思うほかないでしょう。

したがって、男性優位社会を維持しておけば男性にとっては都合がいいのだろう、といった安易な結論にはなりません。前提として、「男性」自身も幼少期や老年期には社会的に弱い立場に置かれることがあるのですから、常に優位でいられるわけではなく、仕組みを疑う姿勢は必要です。これまで「男性」が人間の標準としてあまりにも当たり前に考えられてきたために、その状況を生みだした社会全体を問うという思考力が男性から奪われてきたようですが、男性学に向き合ううえで今一度思い返すべきでしょう。

また、男性であるにもかかわらず本来得られたかもしれない恩恵を受けられていないと嘆く男性が「より弱い立場にいる女性や性的マイノリティのほうが、いまや優位だ」という錯覚を持ち、男性優位社会を批判的に壊そうとするフェミニズムに反動的になっても、それでは現状（利益を）独占している男性が勝ち続けるだけですから、状況は悪化する一方です。そして、勝ち続けることを強いられて競争から逃れたい男性にとっても、変革は必要です。向かう先を見定めて、男性学を豊かにするには、トランスの視点も必要なのです。

ノンバイナリーの政治

最後に、ノンバイナリーの状況を見ていきます。ただ、これまで見てきたフェミニズムや男性学とは、事情は少し違います。というのも、「ノンバイナリー」というラベルが指すような、男女いずれかに当てはまらない人々が、フェミニズムのように集団として政治的な要求をしたり、政治的な行動を起こしたりしてきた事例はあまり知られていないからです。むしろ今必要なのは、そうして不可視化されてきたノンバイナリー（的な人々）たちの歴史を描くことだと言えるかもしれません。

そういうわけで、ここではノンバイナリーの人々がこれから求めていくことになるだろう社会変革のビジョンを示し、それがいかに社会全体の人々の生活と繋がっているかを紹介します。トランスジェンダーが一般に求めていることは、当然ノンバイナリーが求めていることと重なっていますが、それだけでなく、男女の二元的規範に沿わないノンバイナリーだからこそ提示できる、新しい社会のビジョンもあるのです。

ノンバイナリーの人々が求めている最優先事項の一つは、あらゆるところに存在する、過剰な男女分けをやめてほしいというものです。

ノンバイナリーに言わせれば、世間の人たちは自分や他者を狭苦しい性別の枠に押し込めすぎです。そうして、「女性として」もしくは「男性として」振る舞わなければならないルールを勝手に押しつけ合いながら、にもかかわらず「女らしさがつらい」「男らしさがつらい」ともがいているのですから、ほとんど理解不能です。そもそも、いたるところで性差が意味を持って当然だという前提が間違っているとは思わないのでしょうか。

履歴書でも受験票でも、すぐに男女どちらかを尋ねますが、はたして聞く意味はあるでしょうか。業務内容や学習能力と、性別それ自体が結びついていなければならないという根拠はなく、無駄なシステムを温存しているだけです。会社に入ってからも「女性社員」と「男性社員」でムラ社会のようなものが作られがちですが、勤務歴や業務内容の違いなど、性差よりも重要なカテゴリーがもっとあるのではないでしょうか。どうして、どこもかしこも「女性」と「男性」で人間を区別したがるのでしょうか。それは、社会を円滑にするよりむしろ、無駄に疲弊させていないでしょうか。

ちなみに、ジェンダー格差という観点からも、すでに興味深い結果が出ています。米国のオーケストラでは、演奏家の採用時にカーテンを一枚隔てることによって、それまで無意識のうちに白人男性ばかり選出していた状況から、視覚情報ではなく音楽的要素を重視して女性演奏家も選出するようになりました。[*13] 性別という無駄なバイアスを取り除き、オーケストラの質を向上させたのです。その人が男性なのか、あるいは女性なのかという性別を無意識のうちに重視することで、自分自身や他者の適性が現在の社会では見落とされ続けているのかもしれません。

次に、日本の戸籍登録もいいかげん廃止すべきです。人の生き方を窮屈にする装置でしかないからです。フェミニズムは家長（多くは年長の男性）が頂点に立つシステムとして戸籍制度をなくそうと主張してきましたが、それはノンバイナリーも大歓迎です。生まれたときから「女性」や「男性」として勝手に登録されない世界が来れば、それに越したことはありません。

「らしさ」の強要も、ノンバイナリーにとっては毎日の課題です。人は好きな服装をし、好きな身体を生きればいいではありませんか。いちいち「それは女性的な格好だ」とか「それは男性的な身体だ」などと他人をジャッジするのは、誰にとっても得にはなりません。例えば現在の社会で「女性的」とされる服装を好むノンバイナリーの人に「あなたは女性らしい格好が好きだから、やっぱりただの女性なのでは?」とミスジェンダリングするのは最低の行為です。その人は、自分に手が届く範囲の服装のなかから、自分の好みに合う格好をしているだけです。

最後にどうしても無視できないのは、学校という装置の役割です。学校は、いまだ男女の二分法を当たり前のものとは捉えていない幼い子どもに対して、あるべき性別らしさを教え込む役割を果たしています。学校は、ジェンダー二元論を反映しつつ、それを再生産する国家装置なのです。

学校では、子どもたちは常に「女子生徒」や「男子生徒」として扱われ、先生から生徒へのコミュニケーションにおいても、生徒間のコミュニケーションにおいても、そうした性差をはっきり意識させるような仕組みで満ちています。しかし、そんなことが当然視されている限り、子どもたちの人生の幅は狭まるばかりです。なかでもノンバイナリーの子どもたちにとって、そうして過剰に「女か男か」が重視される学校空間は、苦痛に満ちたものとなります。「女子」にも「男子」にも完全に同一化できないまま、それでも出生時に割り当てられた性別の人間のように擬態し続けなければならない、窒息した学校生活を送っているノンバイナリーの子どもがいます。

実際の調査からも、ノンバイナリーの児童・生徒が深刻な困難を経験していることが分かります。2017年に英国の慈善団体ストーンウォールが公表した『スクールレポート』[*14]によれば、11～19歳のノンバイナリーの回答者のうち57％にいじめられた経験があり、84％に自傷の経験がありました。自殺を考えたことがある人も89％いました。どれも非常に深刻な数字です。

ノンバイナリーの子どもにとって、「女らしさ」や「男らしさ」はどちらも自分とは疎遠なものに感じられることがあります。しかし、大人になるためには男女いずれかの「らしさ」を身につけざるを得ず、そうした子どもは激しく絶望します。学校にノンバイナリーの子どもがいるという前提で教育をしなければ、その子は心身ともに死んでしまうかもしれません。

ノンバイナリーの人は、現実にいます。今では大人になっているかもしれないその人たちも、人生のいつかは子どもでした。ここから分かるように、今の子どものなかにもノンバイナリーの子どもはたくさんいます。どうかこれ以上、そうした子どもたちをいないことにして教育を続けないでください。

繰り返しますが、現在、学校は男女の違いを教え込む場所になってしまっています。それは、女性よりも男性のほうが偉いという誤った社会常識を浸透させるために学校が機能しているということでもあります。[*15] ノンバイナリーの存在を前提とした学校、ひいては社会は、全ての人にとっても生きやすい学校・社会になるはずです。まずは、そうした着眼点を持つところから環境を見直してみるのもよいでしょう。

第6章はここで終わりです。フェミニズム、男性学、ノンバイナリーの政治を通して、トランスジェンダーがもたらす希望について語ってきました。トランスジェンダーたちが求めている社会は、シスの女性やシスの男性にとっても、きっと生きやすい社会であるはずです。さあ、一緒に手を取って前に進みましょう。まだまだ世界はよくなります。そうした希望で、本書の最終章を締めくくることにします。

おわりに

最後までお読みいただきありがとうございました。

トランスジェンダーが社会と共にあり、法律や慣習によって影響を受ける、身近な存在であることがお分かりいただけたかと思います。そうです、トランスジェンダーの人たちは、すでにこの社会に共に生きているのです。

買い物をし、出勤し、人と交流し、ときに病気になって病院に行くこともあります。元気なときはカフェで本を読んだり、疲れたときは可愛い犬の写真を見て癒やされています。何の変哲もない、一人の人間です。

しかし、今の社会では、トランスの人は「何の変哲もない人」として生きていくことが難しい状況にあります。残念ながらそれも事実です。そんな状況を変えるために、この本は書かれました。

本書は「トランスジェンダー入門」です。最初に皆さんに知っておいてほしい知識を集めてみましたが、いかがだったでしょうか。性別について考えるなかで新しい発見があったという方は、ぜひ本書を周りの人にも勧めてください。トランスジェンダーは、単に「難しい存在」ではありません。そして、より詳しく知りたい方は、ぜひほかの情報にも当たってみてください。過去の書籍やオンライン上の動画にも、すでにトランスの生活は詰まっています。本書ではトランスジェンダーの文化的な蓄積についてほとんど触れることができませんでしたが、バー・クラブ・ショーパブなどのナイトシーンや、ミニコミ誌・インターネットを通して自己を発見したり表現したりする人たちも多くいました。そうした過去と現在を知ってこそ、初めて私たちはトランスジェンダーのリアルを知ることができるでしょう。

最後に、本書の成り立ちについて簡単にお話しします。本書を書くことになったきっかけは、2022年に高井ゆと里が翻訳した『トランスジェンダー問題――議論は正義のために』（ショーン・フェイ著、明石書店）が、日本の読者たちにとって難しすぎるのではないかという懸念があったことでした。『トランスジェンダー問題』という本は、トランスの人々が直面する問題が決して「トランスだけの」問題ではないことを網羅的に提示した政治的な本です。英国での出版後、わずか1年で翻訳が出版されたことは日本のトランスコミュニティにとって画期的なことでしたが、トランスジェンダーについての基本的な知識がなければ、その内容を十分に理解することは難しいかもしれません。そして何より、日本におけるトランスたちの状況を知らなければ、この本を本当の意味で「読む」ことはできないかもしれません。

そうして、私たち二人は、「トランスジェンダー入門」のような本も日本には必要に違いない、と考えるようになりました。そして改めて見渡してみると、そうした入門書が1冊もないことにも、私たちは気づきました。

そんなとき、筆者の一人である高井が集英社新書の編集者である藁谷浩一さんと知り合うきっかけがありました。すぐに周司あきらと二人で、『トランスジェンダー入門』という新書を書かせてほしいと藁谷さんにお願いしました。これが本書の誕生のきっかけです。

3人で集まった最初のオンライン会議は、2022年の10月17日。なんとその翌々日には、腕利きの藁谷さんが企画会議を通してくださり、本書の執筆活動が始まりました。

執筆は順調に進みました。各章ごとの執筆のやり方としては、まず私たち二人でお喋り(しゃべ)会を開催しました。高井が議事録を取りつつ、書きたい内容を挙げていったのです。その議事録に基づいて、翌日には周司がまとまった文章にしました。その後、高井が原稿を加筆・修正し、内容を充実させていきました。さらに二人で何往復か確認し合ったあと、藁谷さんに1章ずつ送り、率直なコメントを頂戴しました。そのため、分担執筆というかたちではなく、全ての文章を二人で書いています。

こうした全行程を2カ月以内に終えることが可能だったのは、私たち二人がトランスジェンダーについて語るとき、言いたいことがあっても即座に言葉にできるわけではなく、ままならないまま蓄積してきたからなのかもしれません。今、本書を書き終えて、ようやくしたい話ができる、という喜びを噛み締めています。藁谷さんには、そんな私たちの無茶なペースにお付き合いいただき、完成を心待ちにしてくださったことに心から感謝申し上げます。本当にありがとうございました。

トランスジェンダーたちの未来を願って、筆をおくことにします。

周司あきら
高井ゆと里

2023年5月

註

【第1章】

＊1　現代でいうトランス女性的な人々のなかには、ゲイボーイ、ブルーボーイ、レディボーイ、ミスター・レディ、女装、オカマ、ニューハーフ、元男子などの呼称で自身をカテゴライズしてきた人もいます。トランス男性的な人々のなかには、（レズビアンの）ボイ、ミス・ダンディ、オナベ、元女子などの呼称で自身をカテゴライズしてきた人もいます。こうした言葉は、本人のアイデンティティと適合的ではないためもはや使われなくなったり、ニューハーフやオナベのように職業名としてだけ用いられたりする場合があります。

＊2　エリス・ヤング（上田勢子訳）『ノンバイナリーがわかる本―he でも she でもない、they たちのこと』明石書店、2021年

＊3　五月あかり・周司あきら『埋没した世界―トランスジェンダーふたりの往復書簡』明石書店、2023年

＊4　UNITED NATIONS : FREE&EQUAL,Definitions. https://www.unfe.org/definitions/

＊5　ただし、トランス当事者が「心の性」という言葉を使うとき、そこには、世界の全ての人から自分の性別を否定されてきた当人が、自分の性別を肯定するための最後の砦（とりで）として「誰にも分からないかもしれないが『心は女性／男性なのだ』」と語る、悲痛な思いが含まれているかもしれません。そのため、トランスの人が「心の性」という言葉を使うことは責められるべきではありません。例えば以下を参照。

五月あかり・周司あきら「あかり＆あきら対談「心の性ってなんだろう？」」https://ichbleibemitdir.wixsite.com/trans/post/what_is_gender_identity

【第2章】

＊1　Trystan T. Cotten,"*Hung Jury: Testimonies of Genital Surgery by Transsexual Men*", Transgress Press,2012. を参照。本書はトランス男性に対する性器手術（特に陰茎にまつわる手術）に対してネガティブな視点が共有されてきたことを反省し、実際に手術を受けたトランス男性たちの経験を共有していく本です。トランス男性自らが陰茎形成手術の価値を低く見てしまう背景には、いくつも理由があります。高額の手術費がかかり、手が届かないからこそ「手術しなくてもいい」と納得するか、諦めるのが当たり前になっていること、シス男性のペニスを理想化していること、インターネット上で古い術例を参考にしているだけであること、（実際はそうとは限らないにもかかわらず）性的感覚が鈍ると想定していること、などです。

＊2　「場」によって性別認識が変わる体験について、三橋順子『女装と日本人』（講談社現代新書、2008年、302―308ページ）も参考になります。

【第3章】

＊1　「大阪市民の働き方と暮らしの多様性と共生にかんするアンケート」2019年公表、52ページ。https://www.ipss.go.jp/projects/j/SOGI/%EF%BC%8A20191108%E5%A4%A7%E9%98%AA%E5%B8%8

%82%E6%B0%91%E8%AA%BF%E6%9F%BB%E5%A0%B1%E5%91%8A%E6%9B%B8%EF%BC%88%E4%BF%AE%E6%AD%A3%EF%BC%92%EF%BC%89.pdf　この調査では「周りに性別を変えた人がいる」と答えた割合が７・４％、「そうかもしれない人がいる」と答えた割合が３・８％でした。

＊2　Stonewall. 2022. Public attitudes towards trans people, p.7, https://www.stonewall.org.uk/sites/default/files/polling_on_trans_people.pdf

＊3　勝又栄政『親子は生きづらい――〝トランスジェンダー〟をめぐる家族の物語』金剛出版、２０２２年

＊4　Stonewall. 2017.Trans Report, p.9, https://www.stonewall.org.uk/system/files/lgbt_in_britain_-_trans_report_final.pdf

＊5　ibid., 4.

＊6　「小学校教科書、来春から「ＬＧＢＴ」記述増える　多様性理解広がり」、「毎日新聞」２０２３年3月28日 https://mainichi.jp/articles/20230328/k00/00m/040/176000c

＊7　Stonewall. 2017. School Report, p.7 これは、11歳から19歳のＬＧＢＴの若者（あるいは、ＬＧＢＴかもしれない人）３７１３人を対象にした、２０１７年の英国のオンライン調査の報告書です。https://www.stonewall.org.uk/system/files/the_school_report_2017.pdf

＊8　ibid., pp.30-31.

＊9　「トランスジェンダーは性自認（ジェンダーアイデンティティ）がマイノリティである」という説明を見かけることもありますが、正確な説明ではありません。単に性自認が男性である人や女性である

人ということなら、シスジェンダーのなかにもたくさんいるわけですから、「性自認が男性である」トランス男性や、「性自認が女性である」トランス女性が、性自認の点でマイノリティであるわけではないのです。そうではなく、「出生時に割り当てられた性別と性自認に不一致がある」という状況こそが、マイノリティであるわけです。こうした実態を言い表すために、フローレンス・アシュリーが提唱した「ジェンダー・モダリティ（ジェンダー様式、性様式）」という言葉を用いて、「トランスの人々はジェンダー・モダリティのゆえに差別を経験している」ということが可能かもしれません（三木那由他『言葉の展望台』講談社、２０２２年、51—59ページ）。とはいえ、トランスの受ける差別は、出自（元女性／元男性という認識）に基づく差別や、身体の機能や形状に対する差別、ルッキズムと重なり合うケースもあるため、より包括的な言葉があってほしいものです。

＊10　Stonewall. 2017. School Report, p.30, https://www.stonewall.org.uk/system/files/the_school_report_2017.pdf

＊11　ibid., 28.

＊12　ibid., 8.

＊13　内藤忍「職場における性的指向・性自認（ＳＯＧＩ）に関する問題と法政策の課題」「労働調査」561号、２０１７年 https://www.rochokyo.gr.jp/articles/1703.pdf

＊14　「性的指向および性自認を理由とするわたしたちが社会で直面する困難のリスト」（第３版）、性的指向および性自認等により困難を抱えている当事者等に対する法整備のための全国連合会、２０１９年 https://lgbtetc.jp/wp/wp-content/uploads/2019/03/%E5%9B%B0%E9%9B%A3%E3%83%AA%E3

%82%B9%E3%83%88%E7%AC%AC3%E7%89%88%EF%BC%8820190304%EF%BC%89.pdf
＊15 認定ＮＰＯ法人ReBit「ＬＧＢＴＱ子ども・若者調査２０２２」https://prtimes.jp/main/html/rd/p/000000031.000047512.html
＊16 神谷悠一・松岡宗嗣『ＬＧＢＴとハラスメント』集英社新書、２０２０年
＊17 「性別変更『同意なく明かされた』 勤務先の病院提訴へ」、「朝日新聞」２０１９年８月29日 https://www.asahi.com/articles/ASM8K3JX6M8KPLZB001.html
＊18 東京弁護士会「経産省行政措置要求判定取消等請求控訴審判決について」２０２２年１月20日号 https://www.toben.or.jp/know/iinkai/seibyoudou/column/2022120.html
＊19 PRIDE JAPAN「トランス女性へのセクハラ・ＳＯＧＩハラに関してピクシブ社が訴えを全面的に認め、全額を賠償することになりました」https://gladxx.jp/news/2022/09/8087.html
＊20 ジュリア・セラーノ（矢部文訳）『ウィッピング・ガール―トランスの女性はなぜ叩かれるのか』サウザンブックス、２０２３年
＊21 村木真紀・平森大規・三上純・山脇佳『職場のＬＧＢＴ白書――「やるべき事は、まだまだある〜深刻なハラスメントと変化の兆し〜」アンケート調査 niji VOICE 2018, 2019, 2020 に寄せられた７１６２名の声から』認定ＮＰＯ法人虹色ダイバーシティ編、２０２１年、31ページ https://nijibridge.jp/wp-content/uploads/2021/12/nijiVOICE_WP.pdf
＊22 畑野とまと「コラム トランスジェンダーとセックスワーク」ＳＷＡＳＨ編『セックスワーク・スタディーズ』日本評論社、２０１８年、１１０―１１５ページ。

＊23 「ＬＧＢＴと職場環境に関するＷｅｂアンケート調査 niji VOICE 2020～ＬＧＢＴも働きやすい職場づくり、生きやすい社会づくりのための『声』集め～」認定ＮＰＯ法人虹色ダイバーシティと国際基督教大学ジェンダー研究センターの共同調査、２０２０年 https://nijibridge.jp/wp-content/uploads/2020/12/nijiVOICE2020.pdf

＊24 同前

＊25 Transgender Equality, The Report of the 2015 U.S.Transgender Survey, p.5 これは、18歳以上のトランスジェンダー計２万７７１５人が回答した２０１５年のオンライン調査の結果です。https://transequality.org/sites/default/files/docs/usts/USTS-Full-Report-Dec17.pdf

＊26 ibid., 13f.

＊27 ibid., 14.

＊28 トランス当事者からも比較的評価の高い映像作品には、『オレンジ・イズ・ニュー・ブラック』『トランスペアレント』『ＰＯＳＥ』『ナチュラルウーマン』『ユーフォリア』『片袖の魚』などがあります。これらはトランス女性を主要人物としている作品なので、トランス男性やノンバイナリーの表象も増えてほしいものです。

＊29 一例として、前掲の英国の慈善団体ストーンウォールが２０２２年に公表した調査結果（Stonewall, Public attitudes towards trans people）があります。これは英国の16歳以上の２００１人を対象にした調査で、トランスジェンダーに「尊敬」（respect）を感じると答えた女性は35％に対して男性は28％、「賞賛」（admiration）を感じると答えた女性は24％に対して男性は18％でした。「嫌悪感」

（disgust）を感じると答えた女性は６％に対して男性は11％であり、「恐怖」（fear）を感じると答えた女性は４％に対して男性は５％でした。いずれもトランスジェンダーへの肯定的反応は男性より女性が高く、否定的反応は女性が低い結果です。https://www.stonewall.org.uk/sites/default/files/polling_on_trans_people.pdf

＊30　前掲『職場のＬＧＢＴ白書』63ページ。

＊31　前掲「ＬＧＢＴと職場環境に関するＷｅｂアンケート調査 niji VOICE 2020」37ページ。

＊32　Ingrid Bretherton, et al. 2021. The Health and Well-Being of Transgender Australians: A National Community Survey, LGBT Health Publisher: 8（1）:pp.42-49.

＊33　「トランスジェンダー社員に上司『戸籍の性別変更を』…『ＳＯＧＩハラ』でうつ病、労災認定」、「読売新聞」２０２２年11月９日。https://www.yomiuri.co.jp/national/20221108-OYT1T50284/

＊34　Transgender Equality, The Report of the 2015 U.S.Transgender Survey.

＊35　The 2018 Australian Trans and Gender Diverse Sexual Health Survey Report of Findings, https://kirby.unsw.edu.au/sites/default/files/kirby/report/ATGD-Sexual-Health-Survey-Report_2018.pdf

＊36　TGEU. TMM Update TDoR 2022.: TRANS DAY OF REMEMBRANCE 2022, https://transrespect.org/en/tmm-update-tdor-2022/

＊37　針間克己・石丸径一郎「性同一性障害と自殺」、「精神科治療学」25（２）、星和書店、２０１０年２月、２４７―２５１ページ。

＊38 日本財団「日本財団子どもの生きていく力サポートプロジェクト『日本財団第5回自殺意識調査』報告書」（２０２３年公表）58ページ。https://www.nippon-foundation.or.jp/app/uploads/2023/04/new_pr_20230407_02.pdf

＊39 Stonewall. 2017. School Report, pp.30-31.

＊40 Transgender Equality, The Report of the 2015 U.S.Transgender Survey. p.5

＊41 Ingrid Bretherton, et al. 2021. The Health and Well-Being of Transgender Australians: A National Community Survey, LGBT Health Publisher: 8（1）:pp.42-49.

【第4章】

＊1 針間克己『性別違和・性別不合へ―性同一性障害から何が変わったか』緑風出版、２０１９年

＊2 日本精神神経学会 性同一性障害に関する委員会「性同一性障害に関する診断と治療のガイドライン」（第4版改）、２０１８年

＊3 吉野靫『誰かの理想を生きられはしない―とり残された者のためのトランスジェンダー史』青土社、２０２０年

＊4 E. Coleman et al. 2022. Standards of Care for the Health of Transgender and Gender Diverse People, Version8, https://www.tandfonline.com/doi/pdf/10.1080/26895269.2022.2100644

＊5 本書執筆時点では7版。https://www.wpath.org/media/cms/Documents/SOC%20v7/SOC%20V7_Japanese.pdf

＊6　Sarah L. Schulz. 2018. The Informed Consent Model of Transgender Care: An Alternative to the Diagnosis of Gender Dysphoria, *Journal of Humanistic Psychology*, Vol. 58 (1) pp.72-92.
＊7　Timothy Cavanaugh et al. 2016. Informed Consent in the Medical Care of Transgender and Gender-Nonconforming Patients, *AMA Journal of Ethics*. 18 (11) . pp.1147-1155.
＊8　Transgender Equality, The Report of the 2015 U.S.Transgender Survey. p.5
＊9　ライフネット生命保険株式会社「第2回ＬＧＢＴ当事者の意識調査〜世の中の変化と、当事者の生きづらさ〜宝塚大学看護学部日高教授への委託調査」https://www.lifenet-seimei.co.jp/shared/pdf/20208-31-news.pdf
＊10　田中玲『トランスジェンダー・フェミニズム』インパクト出版会、２００６年
＊11　UNAIDS.2021「ＨＩＶとトランスジェンダーおよび多様なジェンダーの人たち」https://api-net.jfap.or.jp/status/world/pdf/UNAIDS_FactSheetSeries_4.pdf
＊12　Transgender Equality, The Report of the 2015 U.S.Transgender Survey. P.10
＊13　AVAC.2021.NO DATA NO MORE : Manifesto to Align HIV Prevention Research with Trans and Gender-Diverse Realities. https://www.avac.org/sites/default/files/resource-files/NDNM_Manifesto.pdf
＊14　厚生労働省「後天性免疫不全症候群に関する特定感染症予防指針」２０１８年　https://www.mhlw.go.jp/file/06-Seisakujouhou-10900000-Kenkoukyoku/0000186686.pdf
＊15　トランスジェンダーとセクシュアルヘルス・プロジェクト「トランスジェンダーとセクシュアルへ

ルス」２０２１年　https://trans-sh.themedia.jp/pages/5509232/page_202111071839#&gid=1&pid=1

＊16 The 2018 Australian Trans and Gender Diverse Sexual Health Survey Report of Findings.

【第5章】

＊1 「平成十五年法律第百十一号　性同一性障害者の性別の取扱いの特例に関する法律」https://elaws.e-gov.go.jp/document?lawid=415AC0100000111_20220401_430AC0000000059

＊2 インド、ネパール、カナダ、ニュージーランド、ドイツなど第三の性を公式文書に認める国は増えており、その場合パスポート上の表記は「X」や「O」になります。ただしノンバイナリーのなかには、「そもそも性別の押し付けや公的登録をやめてほしいので、第三の性として承認されたいわけではない」と考える人もいます。

＊3 「日本性同一性障害・性別違和と共に生きる人々の会」によると、２０２０年末までに性別変更した総数は１０３０１件でした（性同一性障害特例法による性別の取扱いの変更数調査〈２０２０年版〉）。https://gid.jp/research/research0001/research2021042201/

＊4 国勢調査によると、２０２０年10月1日時点の日本の総人口は1億２６２２万７０００人ですから、前註の戸籍変更人数をこれで割ると、０・００８１％になります。厳密には調査時期が異なり、戸籍変更済みの人が全員その時点で存命という前提ですから、実際にはこの比率はさらに低くなると考えられます。

＊5 CM/Rec (2010) 5 (Paragraphs 20-22)

＊6　Human Rights Watch「尊厳を傷つける法律」２０２１年５月25日　https://www.hrw.org/ja/report/2021/05/25/378678

＊7　針間克己、大島俊之、野宮亜紀、虎井まさ衛、上川あや『性同一性障害と戸籍—性別変更と特例法を考える（増補改訂版）』（緑風出版、２０１３年）も参照。

＊8　United Nations Human Rights Committee. 2017. 121st session16 October-10 November 2017, Agenda item 5. Concluding observations on the sixth periodic report of Australia.

＊9　野間紗也奈「性同一性障害者の性別変更審判の要件の再検討」、「法政論叢」56（1）、２０２０年、49—70ページ。

＊10　CM/Rec (2010) 5 (Paragraphs 20-22)

＊11　イングランドとウェールズの国勢調査として以下を参照。https://www.theguardian.com/uk-news/2023/jan/06/england-and-wales-census-counts-trans-and-non-binary-people-for-first-time

＊12　実際には、トランスの人々はスポーツから疎外されており、トランス女性が女子スポーツを席巻するといった現象も起きていません。（井谷聡子「トランスジェンダーの選手について異なる議論をしよう【スポーツを「考える」vol.1】」）https://www.gqjapan.jp/culture/article/20230306-satoko-itani-sports-column

＊13　特例法制定に際して、当事者の自助グループである「ＴＳとＴＧを支える人々の会（ＴＮＪ）」や「ＦＴＭ日本」の働きかけがありました。当時さまざまな意見があったことは、ドキュメンタリー映画「I Am Here～私たちは ともに生きている～」（浅沼智也監督、２０２０年）や、吉野靫『誰かの理想

を生きられはしない──とり残された者のためのトランスジェンダー史』（青土社、２０２０年）を参照。

＊14　谷口洋幸編『ＬＧＢＴをめぐる法と社会』（日本加除出版、２０１９年）に収められた三橋順子の論考「ＬＧＢＴと法律」を参照。

＊15　例えば、下夷美幸『日本の家族と戸籍──なぜ「夫婦と未婚の子」単位なのか』（東京大学出版会、２０１９年）など。

＊16　Transgender Equality, The Report of the 2015 U.S.Transgender Survey. p.59f

＊17　European Union Agency for Fundamental Rights（ＦＲＡ）によるＬＧＢＴＩ調査（14万人が参加：そのうちトランス2万９３３人：２０１９年：オンライン）より、ＴＧＥＵがトランス差別に関わる部分だけを抜き出して分析したものから引用。https://tgeu.org/wp-content/uploads/2021/12/TGEU-trans-discrimination-report-2021.pdf

＊18　本書執筆中の２０２３年上半期にも、首相秘書官の差別発言やＧ７の開催を機に同様の政治的動きが起きています。しかし本書の刊行にあたり、この理解増進法案をめぐって起きている混乱の帰趨を見届けることはできませんでした。この混乱とそれが生み出された政治的・社会的背景については、これから多くの人の手によって検証される必要があるでしょう。

＊19　東京弁護士会「ＬＧＢＴ理解増進法案に関する会長声明」https://www.toben.or.jp/message/seimei/lgbt.html

＊20　「自民・山谷氏『ばかげたこと起きている』性自認めぐり」、「朝日新聞デジタル」２０２１年5月19日　https://www.asahi.com/articles/ASP5M52GTP5MUTFK004.html

＊21 「『ＬＧＢＴ理解増進法案』どうなった？　当事者ら『差別解消、後退した』」、「東京新聞ウェブ版」２０２２年６月30日　https://www.tokyo-np.co.jp/article/186498

【第６章】

＊１ 前掲『ウィッピング・ガール―トランスの女性はなぜ叩かれるのか』

＊２ 荻野美穂『女のからだ―フェミニズム以後』岩波新書、２０１４年

＊３ Dorothy Roberts. 1997. *Killing the Black Body: Race, Reproduction, and The Meaning of Liberty*, Random House/Pantheon.

＊４ 優生手術に対する謝罪を求める会『優生保護法が犯した罪―子どもをもつことを奪われた人々の証言（増補新装版）』現代書館、２０１８年

＊５ Loretta Ross,Rickie Solinger. 2017. *Reproductive Justice: An Introduction*, University of California Press.

＊６ Jennifer Nelson. 2003. *Women of Color and the Reproductive Rights Movement*. NYU Press.

＊７ 福沢諭吉が１８８８年に立案、手塚源太郎が発行した『日本男子論』（原型は１８７０年）を、日本における「男性学」的なものの出発点として位置づける見方もあります（阿部恒久・大日方純夫・天野正子編『男性史１　男たちの近代』日本経済評論社、２００６年）。

＊８ 伊藤公雄『男性学入門』作品社、１９９６年、１０４ページ。

＊９ 紹介する男性性の例については、レイウィン・コンネル（伊藤公雄訳）『マスキュリニティーズ―

男性性の社会科学』(新曜社、2022年)参照。

＊10 須長史生『ハゲを生きる―外見と男らしさの社会学』勁草書房、1999年

＊11 厚生労働省が2021年に発表した男女間賃金格差によると、男性337・2千円、女性253・6千円であり、男女間賃金格差(男=100)は、75・2となっています。よって、女=100であるとき、男は132・9となります。https://www.mhlw.go.jp/toukei/itiran/roudou/chingin/kouzou/z2021/dl/01.pdf

＊12 表現の現場調査団『表現の現場―ジェンダーバランス白書2022』https://www.hyogen-genba.com/gender

＊13 イリス・ボネット(池村千秋訳)『WORK DESIGN―行動経済学でジェンダー格差を克服する』NTT出版、2018年

＊14 Stonewall. 2017. School Report.

＊15 木村涼子『学校文化とジェンダー』勁草書房、1999年

(URLの最終閲覧日:2023年6月1日)

周司あきら（しゅうじ あきら）

主夫、作家。著書に『トランス男性によるトランスジェンダー男性学』、共著に『埋没した世界　トランスジェンダーふたりの往復書簡』。

高井ゆと里（たかい ゆとり）

倫理学者、群馬大学准教授。訳書にショーン・フェイ『トランスジェンダー問題　議論は正義のために』、著書に『ハイデガー　世界内存在を生きる』。

トランスジェンダー入門（にゅうもん）

集英社新書一一七四B

二〇二三年七月一九日　第一刷発行
二〇二四年四月　六　日　第六刷発行

著者……周司（しゅうじ）あきら／高井（たかい）ゆと里（り）

発行者……樋口尚也

発行所……株式会社集英社

東京都千代田区一ツ橋二‐五‐一〇　郵便番号一〇一‐八〇五〇
電話　〇三‐三二三〇‐六三九一（編集部）
　　　〇三‐三二三〇‐六〇八〇（読者係）
　　　〇三‐三二三〇‐六三九三（販売部）書店専用

装幀……原　研哉

印刷所……TOPPAN株式会社

製本所……加藤製本株式会社

定価はカバーに表示してあります。

ISBN 978-4-08-721274-7 C0236

Printed in Japan

a pilot of wisdom

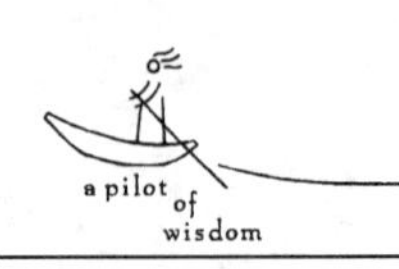

集英社新書　好評既刊

「イクメン」を疑え！
関口洋平　1161-B
日常語となった「イクメン」。その文化を無批判に受け入れてきた日本社会への強烈なカウンターオピニオン。

太平洋戦争史に学ぶ　日本人の戦い方
藤井非三四　1162-D
日本人特有の戦い方が敗因となった太平洋戦争を通覧し、その特徴を詳細に分析。今でも変わらぬ教訓とは。

アジアを生きる
姜尚中　1163-C
「内なるアジア」と格闘し続けてきた思想家が、自らの学問と実人生を根本から見つめ直した集大成的一冊。

差別の教室
藤原章生　1164-B
世界を渡り歩いてきたノンフィクション作家が、差別問題を乗り越えるために考え続けるヒントを提示する。

ハマのドン　横浜カジノ阻止をめぐる闘いの記録
松原文枝　1165-B
横浜市のカジノ誘致を阻止すべく人生最後の闘いに打って出た九一歳・藤木幸夫。市民との共闘のゆくえは。

サークル有害論　なぜ小集団は毒されるのか
荒木優太　1166-C
平等で開かれているはずの小規模な集いで発生してしまう毒とは？　集団性の解毒法を提示する。

ハリウッド映画の終焉
宇野維正　1167-F
二〇二〇年以降に公開された一六作品を通して、映画産業に起こっている変化を詳らかにする。

スタジオジブリ物語　〈ノンフィクション〉
鈴木敏夫　責任編集　1168-N
『風の谷のナウシカ』から最新作までの計二七作品で、スタジオジブリ四〇年の軌跡を余すことなく描く。

体質は3年で変わる
中尾光善　1169-I
エピジェネティクス研究の第一人者が、「体質3年説」の提唱と、健康と病気をコントロールする方法を解説。

なぜ豊岡は世界に注目されるのか
中貝宗治　1170-B
前市長が全国の自治体に応用可能な視点を示しながら人口が減少し産業も衰退しても地方が輝く秘策を綴る。